大山勝男

伝説のコレクター 池長孟の蒐集家魂

身上潰して社会に還元

アテネ出版社

まえがき

神戸のＪＲ「元町」から海岸通り、旧居留地エリアに向かって歩くと、新古典主義様式の堂々たる建物、神戸市立博物館がある。この博物館は旧三菱銀行本店や丸ビル旧館などを手がけた建築家、桜井小太郎《さくらいこたろう》（一八七〇－一九五三）が設計した。その博物館のメーンは南蛮美術品だが、その中でも一際目を引くのが聖画像《聖フランシスコ・ザヴィエル像》。この絵画は歴史教科書にも掲載され美術愛好家ならずとも多くの国民が記憶に残る名画となっている。

しかし、この《聖フランシスコ・ザヴィエル像》が大阪・茨木市千提寺《せんだいじ》の〝隠れキリスタンの里〟の民家で発見され数奇な運命を辿《たど》ってこの博物館に収蔵され展示に至ったかはほとんど知られていない。この絵画が今現在も博物館に展示されているのは神戸在住の資産家で美術蒐集家、池長孟《はじめ》（一八九一－一九五五）の尽力があった。池長は「つらつら世間を見るに、お金つかいの名人はあまり見当たらない」といいながら資産を南蛮美術品の蒐集に惜しげもなくつぎこみ、みずからを「南蛮堂」と号した。

池長には一つの社会観、人生観があった。「人間というものは、自分の持っているものを出来るだけ適切に社会のために役立てなければならない」と述べ、こう断言した。「人間の教養や人格、精神は、お金もうけのような経済的成功によって得られるものではない。どんなにえらい人、お金持ち、学者であっても、名画を見ても感動できないような人は、精神が薄っぺらな証拠で、そんな人は尊敬できない」。

戦後、蒐集作品の散逸を恐れ神戸市に全作品を寄贈し、愛してやまない神戸の地に〝文化の宝〟を残した。池長が亡くなったとき、親交のあった阪急電鉄の創業者、小林一三《いちぞう》は「生涯をかけて苦楽を共にしたコレクションが世間の絶賛を博し、池長の名を冠して大切に保存され……池長さんこそはホントの幸せ者というべきだろうと、私は信じている」と追悼の言葉を寄せた。〝美の探究者〟ともいうべき池長孟の航跡を辿った。

もくじ

第4章

南蛮美術、波瀾万丈のはじまり

第5章

芸術と文化と愛

第6章

昇華する南蛮美術蒐集

第7章

戦後の清貧と蒐集家魂

第1章

「聖ザヴィエル像」の発見と数奇な運命

◈隠れキリスタンの里で《聖フランシスコ・ザヴィエル像》発見

阪急京都線「茨木駅」からバスに乗り四十分ほど揺られるとバス停「千提寺口《せんだいじ》」に着く。そこは大阪の茨木市千提寺地区で北摂の里山の風景が広がる。バス停からさらに15分ほど歩くと、茨木市立キリシタン遺物史料館がある。

キリシタン研究家の藤波大超は旧制中学生のとき、恩師の天保幸彦から「君の家の近くに隠れキリシタンの里があるかもしれないから調べたらどうか」とアドバイスを受けた。そして藤波が地元の小学校の教師になった一九一九（大正八）年、千提寺に隠れキリシタンの里があるかどうか調査に乗り出した。

藤波は同地区の名家、東家《ひがし》の主《あるじ》だった東藤次郎宅を訪れては「キリスタン宗に関係がある遺物はありませんか」と尋ねた。当初は藤次郎も「そんなものはない」と頑《かたく》なに相手にしなかった。しかし藤波が何度も頼みこむうちにとうとう根負けし、藤次郎は一九一九（大正八）年二月十六日、藤波を茨木市千提寺の山林（通称クルス山）の中腹の墓地に案内した。そこにひっくりかえっている墓石を起こすと、「上野マリア」と二支十字《にしじゅうじ》と「慶長八年正月十日」の年号が刻まれたキリシタン墓碑があった。

この発見がきっかけとなり、その後も続々と遺物が発見されたことでこの辺りがキリスタン宗に関係があるということが分かったのである。

藤波は「いまは墓碑だけやけど、墓碑以外のキリスタン遺物がある」ことを確信していた。藤波はさらに一年六カ月、藤次郎宅を通いつめ、「キリスタン遺物をみせてほしい」と懇願した。

藤次郎も藤波の執念にも近い学問的な探究心にほだされ、自宅の蔵に秘蔵していた「あけずの櫃《ひつ》」を持ち出して、「何が入っているか見てくなはれ」と藤波にみせた。藤波はこのとき、初めて「あけずの櫃《ひつ》」という言葉を耳にした。

この「あけずの櫃」は藤次郎が、自宅納屋の屋根裏の梁《はり》に吊されていた木箱の中に束ねられた形で収められていた《聖フランシスコ・ザヴィエル像》と、キリストと聖母マリアの生涯を図示した《マリア十五玄義図》（周囲の十五の絵は、マリアとイエスの生涯を描き、下段にはザビエルなど四聖人が配置されている。二〇〇一（平成十三）年に重要文化財に指定）を見つけた。櫃の中にはこのほかにも、船載品の木彫キリスト磔刑像《たっけいぞう》、メダイ（牌聖）、銅版画、苦行用の鞭などが発見された。なかでも《聖フランシスコ・ザヴィエル像》が納められていた木箱は縦七十二《センチ》、横一六・五《センチ》の大きさで「開けずの櫃」と呼ばれ先祖代々、「開けてはならない」と言い伝えられていた。

その当時、東家の当主であった藤次郎の母のイマさんも存命で、藤波にあけずの櫃の中身を見せようとした息子の藤次郎に「見せてくれるな、見せたらお縄にかかるから」と最後まで反対していたという。当時まだ子どもであった娘の東ユタさんは、このとき初めて「あけずの櫃」の存在を知った。この櫃は世継ぎだけに伝えられ、他の子どもたちにはその存在すら知らされなかったのだという。

◈三〇〇年にわたる信仰が明らかに

東家での発見を契機に一九三〇（昭和五）年までの間に同じく千提寺にある中谷家の三つの家、および二キロ程離れた下音羽地区の家からも、さまざまな遺物や墓碑が見つかり、この地での三〇〇年にわたるキリストへの信仰が明らかになった。

江戸時代、役人に踏み絵を強要されたとき、最後の隠れキリスタンであった藤次郎の母、東イマさんは「踏むのがもったいないので、その手前でわざと転び、踏まなくても役人が許してくれた」というエピソードも残っている。

その後、イマさんと近くに住む中谷ミワさん、中谷イトさんの三人によって、「オラショ」（キリシタン用語で祈りの意、ラテン語オラシ

最後の隠れキリシタンと呼ばれた、左から
中谷イトさん、中谷ミワさん、東イマさん

オ（oratio）に由来し、元々はラテン語の祈祷文のことを指した。字義的意味は世代による伝承のうちで失われたが、仏教徒として振る舞いながら、信者はひそかに「オラショ」を唱えた）と呼ばれるアヴェマリアの祈祷《きとう》文も公開された。三人は仏教徒を装うためにさまざまな工夫をした。そのために仏式の葬式の裏で、お経を打ち消すようにオラショを唱えていたという。

一六〇七（慶長十九）年の徳川家康のキリシタン禁令後も、人々はこの山奥で密かに信仰を守り続け、キリスタン遺物は農家の屋根裏で永い眠りに就いた。明治に入り、キリシタン禁令が解かれて半世紀を経た後のこの発見は、日本だけでなく世界にも衝撃を与えた。

一九二六（大正十五）年四月には教皇使節一行が中谷家を訪れている。この当時の写真が残っていて、立派な髭《ひげ》を生やした使節一行の前で、ややうつむき加減にかしこまって座っているイトさんが写っている。

このとき、老女たちはさまざまな証言をしている。

「日曜日に『茶日』などと称して集まりを持っていました」「教会の暦がなかったため、つばめが飛来したときから断食を始めました」

しかし取り締まりが徐々に厳しくなってきたため、「自然に集まりは途絶え、家族の間ですら信仰の話をすることがなくなった」という。このため藤次郎に信仰が伝えられることはなかった。

しかし、藤次郎の孫である藤嗣は、「ごく幼い時期にイマさんがアヴェマリアのオラショを子守唄として歌ってくれました」と記憶していた。

◈日本人に好印象のザヴィエル

イエズス会の宣教師、フランシスコ・ザヴィエルは一五四九（天文十八）年に鹿児島に上陸し、日本に初めてキリスト教を伝道したクリスチャンとして歴史教科書に掲載され多くの日本人にも知られている。ザヴィエルは母校パリ大学のような高等教育機関を日本に設立することも夢に抱いていた。

ザヴィエルは日本人の印象について、「この国の人びとは今までに発見された国民の中で最高であり、日本人より優れている人びとは、異教徒のあいだでは見つけられないでしょう。彼らは親しみやすく、一般に善良で悪意がありません。驚くほど名誉心の強い人びとで、他の何ものよりも名誉を重んじます」（『聖フランシスコ・ザヴィ

ローマ教皇使節一行が千提寺、中谷家訪問。中谷イトさんは「オラショ」と呼ばれるアヴェマリアの祈祷文も公開した。

エル全書簡3』P96より）と高評価を与えている。

日本でのザヴィエルの布教は困難をきわめた。初期には通訳を務めたヤジロウのキリスト教知識のなさから、キリスト教の神を「大日」と訳して「大日を信じなさい」と説いたため、仏教の一派と勘違いされ、僧侶に歓待されたこともあった。ザヴィエルは誤りに気づくと「大日」の語をやめ、「デウス」というラテン語をそのまま用いるようになった。以後、キリシタンの間でキリスト教の神は「デウス」と呼ばれることになる。

幕末に滞日したオランダ人医師ポンペはその著書の中で、「彼ら日本人は予の魂の歓びなり」と書いたザヴィエルの物語は広く西洋で知られており、「これがアメリカ合衆国政府をしてペリー率いるアメリカ艦隊の日本遠征を決心させる原因となったのは明らかである」と述べている。

◈狩野派の絵師によって描かれたザヴィエル像

日本が西洋世界と接触を持つようになったのは近世の初期で、ヨーロッパ人の指導のもと日本人が初めて「洋画」を描くようになった。しかし、これらの多くはキリスト教と密接な関連があったため、鎖国と禁令によって現在大部分が消滅してしまった。

当時、キリスト教は禁教でほとんどの聖画は破棄された。ザヴィエル像は伝世した数少ない江戸初期の洋風画で貴重だ。

この聖画像は縦八十九《チセン》×横五十六《チセン》の和紙に泥絵の具、にかわ、鶏卵の黄身をまぜあわせて彩色されている。ナバラ生まれのイエズス会宣教師ザヴィエルを大きく描き画像下部には「S. P. FRACISCUS XAVERIVS SOCIETATISV」のラテン文と、「瑳夫羅怒青周呼山別論磨瑳可羅綿都（さんふらぬしすこさべりうすさからめんと）」と万葉仮名を記している。

欧文の頭に「S」つまり「聖」とあり頭部には円光が描かれている。制作は元和あるいは寛永期、つまり一六二二（元和八）年のザヴィエル列聖後の作品であると考えるのが自然だが、それ以前の慶長期の作品であるとみている研究者もいる。

ザヴィエル像のもう一つの特徴として、光輪をつけ、手に神への燃える愛を象徴する赤い心臓を抱き、キリストの磔刑《たっけい》像を見上げ、口から「SATIS ESTDNE SATIS EST（満ちたれり、主よ満ちたれり）」というラテン語文を発する聖人を描いている。

聖フランシスコ・ザヴィエル像

研究者によると、この言葉は、ゴアの小聖堂においてザヴィエルが祈っていた際に「心に神への愛が燃え上がるのを覚え、その熱さのあまりに、胸を開き、『主よ、もう充分です』と言った」ということを、それを目撃したイエズス会士が伝えたことに由来する。燃える心臓はまさにその具象という。

南蛮美術は、イエズス会の宣教師が日本国内に設置したイエズス会司祭・修道士育成のための初等教育機関「セミナリオ」や高等教育機関「コレジオ」（聖職者育成及び一般教養のための高等教育機関〈大神学校〉）で西洋絵画を教えたのが始まり。そこでは神学生だけでなく狩野派の画家も学んでいた。ザヴィエル像の作者は不明だが、壷印《つぼ》があるため、銅版画を手本にして一六二三年頃に狩野派の絵師によって描かれたとされている。

ザヴィエル像について日本大学芸術学部の木村三郎教授は、図像学の分析から見解を発表している。

木村教授によると、この画像は十六～十七世紀のフランドル版画の影響が様々な形で見られるという。ザヴィエルは両手を胸に合わせて、その手に十字架と燃える心臓を抱いている。さらに組み合わされた両手の形は、教会絵画の伝統では「お祈り」を表し、燃え上がる心臓は、キリストの力で浄化され、華やかに燃え出す人間の心を表している。

木村教授は「図像は全体として、トルセリーニ著『聖ザヴィエル伝』の口絵版画など、他のザヴィエルの肖像画に著しく類似している」という。

◈大名を捨て信仰に生きた戦国武将、高山右近

キリスタン遺物が発見された現在の茨木市千提寺はキリスタン大名、高山右近（一五五二―一六一五）の旧領、〝隠れキリスタン〟の里だった。

ここで現在の大阪府高槻市域でキリスト教を布教したキリスタン大名、高山右近にふれておく。右近は摂津国三島郡（現在の豊能町）に生まれた。父・友照は三好長慶の参謀・松永久秀の家臣として大和国の沢城主となる。一五六三（永禄六）年、十一歳の時に伊留満ロレンソから洗礼を受け、右近は「ジュウスト」と命名された熱心なクリスチャンだった。ロレンソは、フランシスコ・ザヴィエルから洗礼を受けた日本人最初の伊留満《イルマン》（入満とも書く。〈神弟〉〈兄弟〉を意味するキリシタン用語。イエズス会の修道者のうち、司祭職にある者をパードレ padre といい、パードレを補佐する者をイルマンといった）だった。

右近は一五七三（天正元）年に高槻城主になり、在城の間に三島地方はキリシタン宗の一大中心地となった。約四百五十年前、右近が高山城主の時代、宣教師ルイス・フロイスは、『イエズス会日本通信』でこのように報告している。

「城内には大きな木造の天主教会あり、その周りには緑の木々が植えられ、三段の階段には高い十字架が聳《そび》え立ち、薔薇《ばら》や雛菊《ひなぎく》などの美しい花々が咲きほこり、池には鯉が泳ぎ、キリシタンたちは神に祈りを捧げている。高槻領民二万五千人のうち、一万八千人がキリシタンに改宗した」

高槻市は大阪と京都の中間に位置し、現在は大阪府の中核都市として三十五万の人口を擁する。戦国時代、交通の要衝として重要な戦略拠点で、国盗り合戦の主戦場でもあった。そこに築かれた高槻城は、キリシタンにとって安らぎの聖地というべき所であった。

一五八一（天正九）年に巡察使ヴァリニャーノを迎えて催された復活祭には、参加者は二万人を超え、「さながらローマにいる思い」とヴァリニャーノを感嘆せしめたという。また、織田信長の側近の武将としても信頼され、安土城下に屋敷を与えられる。信長は西洋の科学技術や文化に興味を示し、宣教師ヴァリニャーノにキリスト教の布教を許し安土城に「セミナリオ」（イエズス会によって設置された司祭・修道士育成のための初等教育機関〈小神学校〉）を設けた。

ところが一五八二（天正十）年、信長は明智光秀の謀反「本能寺の変」で討たれる。右近は秀吉軍の先鋒として光秀軍と戦い勝利を収め、武将としての有能さを認められる。また、茶の湯の世界でも千利休の高弟「利休七哲《しちてつ》」に名を連ね人脈を広げていった。前田利家（加賀藩主前田氏の祖）、細川忠興（豊前小倉藩初代藩主。正室は明智光秀の娘・玉子〈通称細川ガラシャ〉）、蒲生氏郷（キリシタン大名）、黒田官兵衛（キリシタン大名）らから人徳を称えられる。

信長の後、天下を治めた秀吉は一五八七（天正十五）年にキリシタン宗の布教と信仰を厳禁し、「伴天連（キリスト教およびキリスト教徒の称）・伊留満は即刻二十日以内に日本から退去ならびに日本の信者は直ちに信仰を捨てるように」との厳命が下った。

一五四九（天文十二）年、フランシスコ・サビエルら宣教師がもたらしたキリスト教と西洋文化は武家社会だけでなく、戦乱の重圧に苦しみ文化とは無縁の庶民層にまで瞬く間に広まっていった。宣教師ルイス・フロイスは長崎に上陸した一五六三（永禄六）年から三十二年間にわたって日本でのキリスト教布教の記録を書き残した。フロイスは右近についてこう記している。

「ジュスト右近殿は非常に活発で明晰《めいせき》な知性と、稀《まれ》に見る天賦《てんぷ》の才を有する若者であった。彼は、異教徒に対しての説教や疑問に対する答弁を絶えず傾聴したので、デウスの事どもを好むことにおいても、またそれらを認識することにおいても、実に顕著な進歩を遂げ、卓越した説教者となり、その大いなる徳節によって都や地方の全キリシタンの柱となった」

フロイスは一五八七（天正十五）年、秀吉が九州征伐先の博多で右近に棄教を迫ったときの様子も克明にレポートしている。

「秀吉はジュスト右近殿と絶交することを決意した。キリシタンからこの大黒柱を奪えば、ほかの全員は弱体化するほかあるまい。予はキリシタンの教えが、日本において身分のある武士や武将たちの間で広まっているが、それは右近が彼らを説得しているからと承知している。不愉快に思う。なぜなら、キリシタンどもは血を分けた兄弟以上の団結が見られ、天下に累を及ぼすに至る事が案じられる。もし今後とも武将としての身分に留まりたければ、ただちにキリシタンたることを断念せよ」

これに対して右近はこう答えた。

「たとえ全世界を与えられようとも致さぬし、自分の霊魂の救済と引き換えることはしない。私の身柄、封録《ほうろく》、領地については殿が気に召《め》すように取り計らわれたい」

右近は秀吉から突然棄教を迫られるがこれを拒否。後日、秀吉は右近の茶道の師匠である利休を使者として思い留まるように説得するが、「主君の命令に背いても志を変えないのが真の武士である」と右近の意志は固く、大名の地位と領地を捨て、キリシタン大名小西行長の庇護《ひご》のもと小豆島で信仰生活に入る。一五八九（天正十七）年、右近の盟友前田利家はポルトガル語や西洋の科学技術に精通し、築城技術に優れた彼の才能を惜しみ、秀吉の許可を得て右近を三万石の家老職扱いで加賀藩に迎え入れた。以来二十六年間、右近

カトリック高槻教会にある高山右近像

は加賀に庵《いおり》を構え「南坊等伯《みなみのほう》」と名のり、茶の湯を広めると共にキリスト教の布教活動を続けた。

一六一三（慶長十八）年には豊臣家を滅ぼした徳川家康も幕藩体制確立のため、キリシタン禁令（宣教師が国郡の人民を信徒にして神社仏閣の破壊行為に出たことを非難。それ以後、〈邪法〉としてその布教を禁じ、宣教師の追放を発令した。貿易と〈きりしたん国〉との往来は自由とされていた）を発令し宣教師や信者の国外追放を命じた。

右近は一六一四（慶長十九）年にフィリピン（ルソン島）のマニラへ信者とともに追放された。右近は旅の疲れや慣れない気候のため病に倒れ、翌年の一六一五（慶長二十）年、六十三歳の波乱万丈の生涯を終えた。

日本のカトリック中央協議会は右近没後四〇〇年にあたる二〇一五年、「高山右近は、地位を捨てて信仰を貫いた殉教者である」として、ローマ教皇庁に「聖人」に次ぐ崇敬の対象である「福者」に認定するように申請した。これを受けて教皇庁の神学調査委員会が最終手続きに入り、翌年一月二十二日、教皇フランシスコが「福者」に認定した。そして二〇一七年二月七日、大阪市中央区の大阪城ホールで高山右近の列福式が教皇代理として教皇庁列聖省長官のアンジェロ・アマート枢機卿が来日して約一万人が参列する中、執り行われた。

江戸時代初期に起こった「島原の乱」（一六三七）（乱のきっかけは圧政・重税で、乱勃発後はキリスト教が一揆のよりどころとなった。鎮圧の一年半後にはポルトガルの宣教師が日本から追放され、「鎖国」が始まった）以降はキリシタンの取り締まりがいっそう厳しくなり、信者たちは表向きは仏教などを信仰しているように見せかけ、「隠れキリスタン」として山奥深く隠れるように信仰していた。幕末の一八六五（慶應元）年、長崎の教会に信徒が訪れたことから、密かにキリスト教信仰を続けていた潜伏キリシタンの存在が初めて明らかになった。

隠れキリシタンの末裔《まつえい》で茨木市立キリスタン遺物史料館の中谷早苗さんは「明治政府が禁教令を解いた後も、信徒の間には弾圧への恐怖が残っていました。一八八〇（明治十三）年に大阪に教会ができると、調査のため神父が茨木に訪れたのですが、その時もキリシタンのことはひた隠しにて明かさなかったそうです」と話す。

高槻にはその信仰に関係する遺跡は発見されていないが、高槻から五十キロも離れた大阪北部・茨木市の山間部にある千提寺《せんだいじ》の山林から次々と切支丹《キリスタン》遺物が発見された。禁教下に右近の臣下たちがこの山中に聖具や聖画を持って隠したのか、また河内の切支丹たちが迫害を逃れてこの山あいに隠れたとも考えられている。

◈火災にあい、二つの櫃は灰

遺物が隠されていた「開けずの櫃」は幅一六・五センチ×長さ七二センチの木製で、全体が煤《すす》に覆われていた。満理亜さんによると、「東家にはもともとこのような櫃が三つあったが、明治三十四、五年頃に火災にあい、二つの櫃は灰とともに捨てられてしまった」という。歴史に「もしも」はないが、他の二つからは、果たしてどのようなものが出てきたのであろうか。そう考えれば大変惜しい気がしてくるが、逆にいえば、そのときあのザヴィエル像が失われてしまった可能性もまたあった。

ザヴィエル像と一緒に発見された《マリア十五玄義図》は、やや痛みが激しい。とくに印象的なのは画面の中心、幼子イエスを抱く聖母マリアの顔が完全に剥落《はくらく》して確認できない。同様の十五玄義図は高山右近の領地であった下音

開けずの櫃（ひつ）

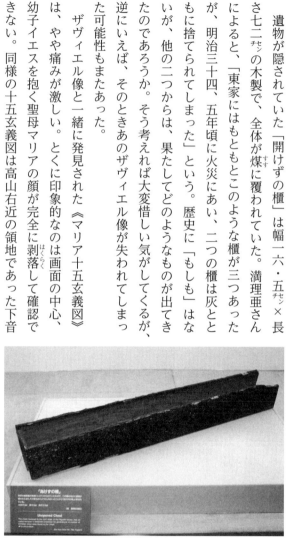

羽の原田家でも発見されており、それは現在京都大学が所蔵している。通常非公開の作品だが、企画展などで同大学の博物館で一般公開されることもある。

最後の隠れキリシタンであった東イマさんたち以降、東家にも他の千提寺の家にも一人も信徒はいない。満理亜さんは大阪の出身でこの千提寺に嫁いできた。旧姓は中谷で祖父の代までは中谷ミワさんの家の隣に住んでいた。満理亜さんは、「信仰を持っているわけではないが、キリスト教や聖書に心惹かれるものを感じます。偶然なのか、両親はどのような想いで私にイエス・キリストの聖母マリアと同名の満理亜《マリア》と名づけられたのでしょうか」と話している。

◈茨木市立キリシタン遺物史料館開館

キリシタン聖具を秘蔵していた東家、中谷家は当初、これらの貴重な史料を自宅で公開していた。しかし観光客や研究者が多く訪れたことから、より広く公開するために茨木市が木造平屋建ての市立キリシタン遺物史料館を建設、一九八七（昭和六十二）年九月に開館した。

館内には「あけずの櫃《ひつ》」や中に入っていた聖具のほか、キリシタン遺物発見のきっかけとなった墓碑も陳列されている。《聖フランシスコ・ザヴィエル像》の原本は現在、神戸市立博物館に所蔵されており、史料館にはレプリカ（複製）が飾られている。

館内にはこの千提寺地区のキリシタン遺物発見者である藤波大超のインタビューや、その経緯が晩年の本人によって語られている貴重な内容のビデオがある。そのビデオにはさらに史料館を管理している東満理亜《まりあ》さんの義父である東藤嗣さんの証言や、その母ユタさんが話す最後の隠れキリシタンであったイマさん（ユタさんの祖母）の思い出などが語られている。

満理亜さんは「史料館ができたのは一九八七（昭和六十二）年のことで、秀吉による禁教令発令（一五八七）からちょうど四〇〇年ということになります。すごい偶然ですね。史料館ができる前には遺物を見たいと希望する人は東家で迎えていました。外国人の来館者も多く、逆に地元茨木の人が、あの有名なザヴィエルの絵がここから出たということを知らなかったりします。多くの人に千提寺の歴史を知っていただきたいです」と笑顔をみせる。

この北摂地域で埋蔵文化財の発掘調査を担当した元大阪府文化財センターの井藤暁子さんは『茨木キリシタン

茨木市千提寺にある「茨木市立キリスタン遺物史料館」

遺物発見九十周年記念論文』の中でレポートしている。
「右近の領地であった五ヶ庄の千提寺や下音羽は江戸時代の禁教令の後も司祭たちが滞在して密かに信仰は続けられていた。これらの遺物は信仰のための用具であり右近のもとで布教に当たっていた宣教師たちが、この北摂の地を去る時、東家、中谷家、大神家、原田家などの地域のリーダー（名主）に託していったのではないか」

◈渇望していた《聖フランシスコ・ザヴィエル像》を入手

一九三五（昭和十）の年の瀬も押し迫った十二月、南蛮美術の蒐集に没頭していた神戸の池長孟《はじめ》のもとへ一通の手紙が届いた。差出人は「大阪府三島郡清渓村大字千提寺　藤波大超」と記されていた。

池長は一九一八、一九（昭和七、八）年頃から洋風美術に関心を持ち始めて以来、この《聖フランシスコ・ザヴィエル像》の蒐集は熱望の的であった。

キリスタン研究家、藤波を頼って所有者である東藤次郎に申し出ていたが、池長自身も「ある冬の寒い日、持ち主を訪ねたが、中にも入れてもらえない。玄関で追い返され、スゴスゴと戻ってきた」という苦い思い出があった。

池長はこわごわ封を切って手紙を読むと「東藤次郎が、ザヴィエル像を売りたい」という内容だった。池長は半信半疑ながらも狂喜した。

「ザヴィエル像」は数奇の運命を辿って池長の手に渡ることになるが、その購入を巡って池長と藤次郎とのやり取りが残っている。

キリスタン遺物史料館で案内役を務める東家に嫁いだ東満理亜さんによると「藤次郎は信仰を持っていないが、先祖がそれこそ命をかけて伝えてきたものゆえ守り続けなければならないという強い気持ちがあった。売却を持ちかけられても当初は首を縦には振らなかった。しかし、南蛮画の蒐集に情熱を燃やしていた池長さんは1カ月間、連日、東家を訪問して口説いた」という。

藤次郎は当初、池長に「よう買うかい、ちょっとした値では売らへんで」と高飛車の物言いで交渉を進めていたが、池長から「三万円ぐらいしたら売るか」と逆提案された。元々、藤次郎は積極的に売る気はなかったが三万円という法外な値段に、

「そんならそうしょう、一万円では売らんわのう」と口約束は成立した。

池長は「きょうはこれで帰りますが、すぐに金持ってきますよ」と仲介の藤波に約束してからいったんは帰った。

一九三五(昭和十)年当時のサラリーマンの月給は百円。現在の貨幣価値ではおおむね二千倍で、三万円は六千〜七千万円相当の大金だった。

「よう買わへんで、三万円も」という藤次郎の感想は至極当然だったが、仲介した藤波は藤次郎に「その代わりお金持ってきたら売らなあかんで」と念を押した。

池長は交渉初日から三日ほどして再び仲介の藤波を訪ね、「先生、金持ってきましたよ」と報告し、二人で藤次郎宅を訪ねた。池長は藤次郎にハンカチのような布に包んだ金包みを「この通りや」とみせた。

藤次郎も前言を撤回するわけにもいかず「しゃない」とやむなく手放した。

一九三五（昭和十）年十二月十六日、隠れキリスタンの子孫のもとに長年秘蔵されていた家宝の一つが、池長コレクションに加わった瞬間だった。

満理亜さんによると、「大金を手にした藤次郎だが、このお金には一切、手をつけずに全額銀行に預け、子孫にもこのお金に手を付けてはいけないという文書を遺し、現在も当時のまま銀行に預けている」という。

池長の美術品の蒐集はこれというテーマにねらいを定めたら、ともかく脇目もふらずに短期間でそのジャンルの作品を買い漁る、というやり方だった。

この「ザヴィエル像」を購入するにあたっても、父親の遺産ともいえる垂水の五色山浜にある別荘を売り、購入資金にあてている。資産家で知られる池長だが、この神戸・垂水の別荘は当時の家族にとって憩いの場で澄《きよし》、澪《みお》、廣《ひろし》の三人の子どもの夏休みには必ずこの別荘で過ごし、子どもらも池長と過ごすのを楽しみしていた。その別荘を手放してまでも「ザヴィエル像」を入手したかった池長の熱い思いが感じられる。

この絵の価値を見抜いた池長は偉大な蒐集家であったことは間違いない。

第2章

大富豪、池長孟の誕生

◆己を信じる性格

池長孟《はじめ》は一八九一（明治二十四）年に今の神戸市兵庫区に生まれた。旧姓は井上で幼くして大資産家で叔父にあたる池長通《とおる》の養子となった。池長家は神戸開港当時、瓦屋を営み財を成し、通の代には地主として莫大な不動産収入を上げていた。その資産は当時、関西を代表する花街だった神戸・福原に九十数軒もの貸家を営み、神戸市議会の議長などを長く務めた。通は「頭が切れる」ことから〝カミソリ〟と呼ばれ、地元の有力者で教育事業にも熱心だった。

孟の生後八カ月の写真があるが、白いベビー服を着せられ、当時としては非常に珍しい輸入品の馬車型ゴム輪の乳母《うば》車に乗り、養父母から愛情いっぱいに育てられていることが分かる。井上家では養母、しまへの遠慮から孟の両親はもとより兄弟も池長家には出入りしなかった。そのため孟は実父の徳左衛門の死に立ち会った十六歳まで自分が養子であることは知らなかった。

池長は神戸一中（現・兵庫県立神戸高校）から一九一四（大正三）年九月、京都帝国大学（現・京都大学）法学部へ入学。同じ年の四月十九日に父・通が五十六歳で死去し、養父から受け継いだ有り余る資産を在学中から社会に還元し始めた。

池長自身、自分のことをこう紹介している。

「私は生えぬきの神戸人間、即ち兵庫っ子である。明治二十四年十一月二十四日、朝日の昇る時分に呱々《ここ》の声をあげたのだそうである。……姓名は池長孟。孟はハジメと読む。……ケモノ偏《へん》をつけて猛にしたり、タケシと読む人が多い。池長の長の字も珍しい姓なので、大抵は池永にしていたが、この頃は大分名前が売れたので、新聞などでも池長とするようになった。成人名に別に国康というのがあり……この孟も国康も、元町の赤壁（後に写真材料店）の易学をやっていた老人がつけてくれたものだと聞かされた。

私の生れた家は門口町ではなく、湊町の八幡社の筋向い（東南）の家であった。即ち井上徳左ヱ門の子として生まれたのだが、生前からの約束があり、生まれると同時に門口町の、井上徳左ヱ門の実兄、池長通の養子として引き取られたのである。私は小学校高等科頃まで迂闊《うかつ》にもこの事は知らず、通の実子と心得ていた。この事実を知った時にも、呑気《のんき》な私は左程《さほど》驚きもせず、実父に対しても別に特別な感情も起こらなかった」（自筆備忘録）

そして養子となった池長家についても言

池長孟の肖像写真

及している。

「江戸時代も後期のこと、兵庫に瓦屋つなという婦人がいた。養子であった夫と別れ、家業の瓦屋を営んでいたが、その暮らしは貧しかった。一八三四（天保五）年、そこへ夫婦で養子に入ったのが、徳左衛門（?―一八六七）とその妻のちか（一八〇七―一八九四）であった。天保九年に瓦屋つなが没したあと、二人はよく働き、池長家の家運を再興した。当時、兵庫津に瓦師の職は三株（権利）と限られていたが、徳左衛門とちか、長男吉左衛門の三名で買収独占し、家業は繁忙であったという。この瓦屋時代の作業着や木型が今も残っている。一八五〇（嘉永三）年、住居を改築。さらに一八五九（安政六）年には土蔵を新築して質屋業を開いた。

池長孟の祖父にあたる長男の吉左衛門（一八二八―一八九八）、が、一八七二（明治五）年に至って家業の瓦屋職をやめ、柳原や門口町、白川村、池田村（長田）など、兵庫一帯の土地を買い入れた。以後、池長家は土地家屋貸付業によって財をなすことになる。

祖父吉左ヱ門は、明治三十一年に私が八才の時亡くなったので、相当記憶もなければならない筈だが、顔もうら覚えに浮かぶだけで、あまり思い出がないのは、私がボンヤリだったためかもしれない。ただ一つだけ夕方散歩につれて行かれて、今の明親小学校のもっと南の方で監獄か何かがあって、高粱《こうりゃん》なんかの茂った畑の中の淋しい所で、妙に悲しくなって矢鱈《やたら》に泣いた。肩ぐるまをしてもらっていたがいつまでも泣いてお祖父さんを困らせた事だけは未だにハッキリ覚えて

いるのは、よくよく悲しかったのだろう。」（自筆備忘録）

池長の幼少時代にこんなエピソードが残っている。

池長家の自宅があった兵庫門口町の家を出て、左手に突き当たったところに福厳寺がある。池長家は同寺の檀家で寺の歴史は古く、寺前には通称〝千本松〟と呼ばれる老木があった。そして幹の中には大きな蛇が住みついていると噂されていた。しかし、この老木も寿命が尽きたのか立ち枯れたため、切り倒すことになった。この老木の最後を見届けようと近所の人たちも集まった。和尚の読経のあと、職人たちが木の両側から腰を据えて、掛け声をかけながら大鋸《のこ》を挽《ひ》いた。固唾《かたず》を飲んで、大蛇が姿を現すか見物人たちは見つめたが結局、木の中身は空洞であっけなく終わった。

見物人たちは「骨と皮ばかりになりながら、これまでよく緑を保ってきた。さすが千年松だ」と感心していたが、その時、十二歳の少年だった孟は「うそだ、うそだ！千年も経っとるんか」と叫んだ。己の信じるところをはっきりと主張する孟の性格を象徴する心の叫びだった。

その時、切り倒された老木の上で立っている孟の写真が残っているが、孟はこの松にちなんで「蒼松院大孟義徳居士」の戒名をもらい、現在は寺の脇にある池長家の墓地で霊は静かに眠っている。

小学校から神戸一中（現・兵庫県立神戸高校）時代の同窓だった甲南大学古美術研究会顧問だっ

た小穴忠実は、小学生時代の池長を回想している。

「三年生の終わり頃から四年生、五年生と進むにしたがい、特に親しかった私達の今までの仲間に更に畑徳次郎兄、志立正臣兄、塩谷貞一郎兄、鷲尾九郎兄、小林秀吉兄、篠崎謙二兄などが加わり、池長兄を中心にクラスの一勢力を形成した按配《あんばい》でした。そして私達はいつの間にか池長兄を『市長さん、市長さん』と呼ぶようになったのであります。これは将来、神戸市長になるのだと云う愛称でした。これは池長兄に万目の見るところそれだけの品格識見が兼備していた証左であります」

また、神戸一中時代の同窓の畑徳次郎によると、当時の神戸一中では成績が一番か二番が組長になるのが普通だったが、池長はそうでなかったが、「信頼され、大人《だいじん》の風があった」と一年から五年まで級長を務めた。そして学生仲間では並ぶものがない剣道の達人で神戸一中、三高、京大とずっと剣道部の大将を務めた。そして「当時一中には硬派の武断派と、軟派の文弱派があったが、池長君は、そのどちらの仲間でも中心だった」と回顧している。

◈〝カミソリ〟と呼ばれた父

池長は養父、通については尊敬の念を持ってこう記している。

「養父の通はハイカラな人で、私の生まれる前から既に市会議員であり、神田兵右ヱ門、小寺泰次郎に次いで、私が六才の時に市会議長になった。神戸市会議長三代目である。なかなかスマートな洋服なんか着こんで、乗馬姿も勇ましく、和田岬の和楽園なんかにくりこんで、ウイスキーやビールの満をひいて悦に入っていたらしい。癇癪《かんしゃく》持ちで相当鋭い頭を持ち、議事も一瀉千里《いっしゃせんり》に片附けたらしく、カミソリと呼ばれていた。市の上水道をつけるにも骨を折り、門口町の宅には最も早く水道をひいたという。築港にも尽力して大阪と競争し、神戸の良港なる所以《ゆえん》を説き、自費で東京まで行って運動したが、終《つい》に大阪に負け、お蔭で大阪に〝魚釣り場〟が出来た。その外、兵庫の鉄道以北に、田圃《たんぼ》の中に六間巾《はば》の大きな道路を、碁盤縞につけて、今で言えば立派な都市計画だが、当時の人には馬鹿だといって笑われた。聚楽館（神戸市新開地に存在していた建物）前あたりから西方、会下山《えげやま》辺りかけて、兵庫地区に現在も昔のままの形態で残って、今の人にも便益を与えているのがその道である。これは武岡豊太氏が、いつも私等に聞かせてくれた話である。又、瀧川弁三さんが池長の土地でマッチ会社の工場を営んでいたが、いつまでも地料をあげない。何とかあげてくれと交渉があった。ところが父は、瀧川さんに早くからつかってもらって、お蔭で土地も発展したので有難い。地料をあげる必要はないと言って頑《がん》として応じない。借主はあげろという。貸主はあげないという。今とは逆だったが、瀧川儀作さんが漸《よう》くとりなしてあげてもらったという。これは瀧川儀作さんがいつも言われる話である。

父は古武士のようだとも言われた。家庭でも中々厳格でいつも身体を崩した事もなく、顔も恐ろしかった。併《しか》し決して恐ろしいばかりではなく、人なつっこく慕わしいようなところもあった。兵庫教育協会ができてからはずっと会長をつとめ、『教えのはや緒』という雑誌を教育会から発行し、後には兵庫水練場が教育会の事業に移された。父は心臓が悪く公職を退いて、晩年は専ら教育事業に専念し、入江小学校や明親小学校の建設に骨折った。又神戸小学校と共に神戸市に最も早く建てられた兵庫小学校の講堂を、区が払い下げんとした時、新聞に公開状を出して争い、兵庫小学校の同窓会の援助もあり、これを買いとって会下山に移した。これが正元館《しょうげつかん》で後に私が植物研究所とした建物である。（これは戦争中寺本少将の菊水鍛刀会に寄附したが、遂に海軍省に移管され、戦後更に海軍省がつぶれて大蔵省に移されたらしい。……）」

古武士のように厳格な父であったが、一方でいかにも人間的な側面も紹介している。

「……明治三十三年頃、私がせびって写真機を買ってもらったら、却《かえ》って父が病みつきとなり、それを取りあげて兵庫神戸の風景やら、水練場を写しまわり、機械も十数個もあった。簡便なフィルムではなく、硝子《ガラス》版の大きな箱は持ちまわるだけでも苦労で、向うの蔵に暗室をつくって現像もしなければならなかった。今のようにそこいらを気ままに写しまわり、現像や焼付を写真屋に任せっきりなのとは雲泥の差で、苦労が多かっただけ楽しみも深かったのだろう。但《ただ》し出来栄えはあまりよくなかった。……父にはあまり道楽はなく、私に物心がついてからはこんな写真なんかが唯一のものだったらしい。それから建築やら庭作りがその極致だったか。本宅に離れ座敷や茶室をつくったり、垂水五色山浜や会下山に別荘を建てたり、いつでも何かかんかさわっていた。……尚父《なお》は、磯の町に住んでいた、うすい親戚の岡田新七というのから茶道を習っていた。そしてその手を通したり、或は有馬道の古道具屋丸百から掛軸や茶器を沢山買って、上の蔵に一ぱいつめていた。大徳寺僧侶などの書幅はまだ無難であったが、絵は柳里恭《りゅうりきょう》の鳳凰《ほうおう》三幅対など大抵はニセモノで、茶器も安ものが多かった」（自筆備忘録）

◈道頓堀の初代グリコ看板ネオンも鮮やかに撮影

この時の写真機で池長が撮影した大阪の繁華街の風景写真が平成の時代に入って池長のハイカラ好きを彷彿《ほうふつ》させる温かいニュースが生まれた。

映画好きの池長は、アメリカから十六ミリ映写機を購入し、高価なカラーフィルムで自ら東京・大阪・神戸の市街地を撮影していた。現在でもその映像は神戸市立博物館で期間限定で放映している。当時の民間人がカラー撮影した日本の風景は極めて貴重なものだった。

江崎グリコ（本社・大阪市）は大阪・道頓堀に代々、マラソンランナーがゴールする名物看板を出しているが、記念すべき初代看板（一九三五－一九四三）については当時の資料には「六色を使用した」とのみ記されていた。

グリコによると、初代の看板は戦前の一九三五（昭和十）年に設置されたが、戦争中に鉄材供出のため撤去された。これまで白黒写真しかなく、実際の色は不明だった。このためグリコでは、ホームページのサイトやメディアを通して「色情報」の提供を呼びかけていた。

登場以来、現在の五代目まで、約八〇年にわたり大阪市中央区道頓堀の名物となっている「グリコの看板」。現在では「大阪市指定景観形成物」にも認定されている。

呼び掛けから一カ月、「当時の資料映像がある」という有力な情報が神戸の博物館から寄せられた。新聞報道で知った神戸市立博物館の学芸員、勝盛《かつもり》典子さんが、池長が当時の道頓堀を撮影したカラーフィルムの存在を思い出した。

池長のコレクションのひとつ、「十六ミリカラーフィルム」に一九三七（昭和十二）年から翌年にかけて撮影したとされる道頓堀の風景があった。企業名を右から左へ表記するなど、時代を感じさ

グリコネオン塔（1937年頃）

せる数々の看板ネオンが映る中、数秒にわたり「グリコ」と書かれた看板が下から見上げるように映し出された。資料に記されていた「トレードマークのランナーと『グリコ』の文字が変化し、同時に毎分十九回点滅する花模様で彩ったとされる部分など「色の変化」が確認された。

初代看板の映像は5秒。上部のランナーは緑、「グリコ」の字は赤く見える。ランナーが両手を挙げて走るおなじみの姿が、緑が基調のネオンで浮かび上がる様子が確認でき、映像を探し求めていた関係者らを感激させた。

◈正枝と見合い結婚

池長は一九一六（大正五）年六月、京都帝国大学を卒業し、翌年八月、荒木正枝と明石海岸の公会堂で見合いし、同年十一月八日に結婚式を挙げている。

見合いの席上に正枝が現れた時、ひな人形のような正枝の顔、すっきりと結い上げた束髪、古風な面持ちに愛くるしさを添えていた。会場は一瞬声にならないどよめきのようなものが人々の間から漏れた。

正枝は播州加古郡氷丘（日岡）村の荒木卓三郎の長女で、荘重な屋敷を構える旧家出身の子女だった。庭にはキリスタン灯篭があり、地方とはいえ、新しい世界に進出し、池長も妻・正枝を心底から愛し、荒木家の雰囲気も気に入っていたという。

正枝の祖先は荒木村重という織田信長に反旗を翻したことで有名な戦国武将で、その側近にはキリスタン大名の高山右近がいた。後に南蛮美術のコレクターになる池長との縁《えにし》を感じる。

正枝の兄、荒木重義は縁談を進めた経緯について「池長孟追悼志」で語っている。

「当時としても、日本には多くの富豪や有力なその方面の組織があるにもかかわらず、誰一人顧みる事を敢えてしなかった。池長が立ったのも不憫《ふびん》な碩学《せきがく》を助け、国宝的標本を護ろうという、真に学者を、学問を尊重する誠心誠意からの発露である。この不運な世界的植物学者と大学生につながる美しい物語を聞くに及び、私は当初から少なからず感激したのであった。打たれた。これからの日本はこういう人物を最も要求している。富豪として、真に金の使い方を間違えない人物であると衷心《ちゅうしん》より未知の大学生池長に対し、ひそかに敬慕《けいぼ》措《お》く能わざるものがあった。そして、矢も楯もたまらず、既に破談になりかかった妹との縁談を、私自ら、両親、親戚を説き伏せ、遂に結婚せしめることに成功したのであった」。

実際、正枝の兄、重義は池長に対し、関心を寄せ池長の人物像を探し求めた。東京で遊学中の重義は池長と同時期の神戸一中卒業生を訪ね、「子供の頃から〝瓦屋のぼん〟と呼ばれ、池長には野人的な魅力があり、クラスの人気者だった」という好印象の評判を聞いた。

第3章

植物学の権威
牧野富太郎を援助

◆公的奉仕のはじまり

池長は京都帝大（現京都大学）法学部に在籍中から文化事業に強い関心を寄せていた。先駆けとなったのは世界的な孤高の植物学者、牧野富太郎博士（一八六二－一九五七）が集めた十万点以上に上る厖大《ぼうだい》な植物標本が経済的な困窮で散逸の危機に瀕《ひん》していたのを知り、支援を申し出てこれを買い取ったことだった。これらの植物標本は新たに池長が設けた植物学研究所に保存されて国外への流出を免れた。

そのきっかけは新聞記事だった。一九一六（大正五）年十二月十八日の大阪朝日新聞の記事が牧野の困窮ぶりを伝えていた。

「月給三十五円の世界的学者。金持ちのケチン坊と学者の貧乏はこれが日本の代表的二大通棒なり。牧野氏植物標本十万点を売る」

牧野は記者の質問にこう答えている。

「外国へ出しても珍しい標本が随分とあるから、二万や三万の金はできる訳だが、僕の集めた標本の価値を認めて、この急場を救ってくれる富豪が日本にいるかどうか。出来る事なら散逸せず、なるべく一箇所に纏《まと》めて、標本館でも設立して欲しものだ」

池長は法学部の学生でまだ二十五歳だったがその記事を読み何とか支援できないものかと思った。その標本は植物学者、牧野の分身ともいえる宝物だった。

池長は大阪朝日新聞の社会部長、長谷川如是閑《にょぜかん》に面会を求めた。

「この標本が海外に流出するのは何としても食い止めたい。すべてを三万円（今日の貨幣価値で六、七千万円に相当）で買い取り、それを改めて牧野氏に寄贈したい」と提案した。

池長は資金に困窮していた牧野のため、父から引き継いだ神戸市兵庫区会下山《えげやま》の建物に標本を収蔵し、公開する池長植物研究所を設立する構想を立てていた。

池長は公共的な奉仕については述べている。

「父の時代には地方的人材が沢山《たくさん》いた。いずれも土地のため、人のため、無報酬どころではなく、私財をも投じて尽くしたものである。別に位階がほしいとか、人に賞《ほ》められたいとの考えも無かったようである。言わば公共のためにつくすことが、一つの道楽であったかもしれない。……あの頃の人は物の憐《あわ》れを解していた。雅やかな気持ちを持っていたので、うるおいがあった。気品があった。奥ゆかしいところから、温かい人情がのぞいていた。あの頃のような人が、現在にはないものであろうか。有っても極めて少数であろう」（戯曲「開国悲譚」）

しかし研究に没頭する牧野には、経済観念が決定的に欠落し、放蕩《ほうとう》的な体質があった。いつも高価な服を着て、汽車は一等に乗り、芸者には帯を買い与え、歯磨きはいつも外国製のコルゲートを使っていた。野外実習に来た学生たちには授業の後、ご馳走することも忘れなかった。多額の借金を抱え、家族が貧乏にあえいでいても植物学から蘭学の『解体新書』や『西国名所図会』など書籍の購入や植物調査には惜しげもなく金を注いだ。五十四歳の時、牧野はいよいよ困窮し、そこに手を差し伸べたのが池長だった。

池長はこの掲載記事を読み「他人に先鞭をつけられてはならない」とすぐに援助を申し入れた。牧野への援助の手は池長以外に、もう一人の財界人がいた。

日立製作所や久原鉱業所を設立し当時、日本を代表する企業家、久原房之助《くはらふさのすけ》（一八六九―一九六五）である。久原は現在の神戸市東灘区、住吉川東の大邸宅に住んでいた。久原の事業は第一次世界大戦による好況で大きく伸び、日立財閥を築き一時は三井財閥や三菱財閥を凌《しの》いだといわれた。

明治、大正、昭和にわたって財界、政界で「怪物」の異名をとった人物で、私立学校などの教育面でも多くの援助をしていた。一方で「政界の黒幕・フィクサー」と呼ばれ、右翼に資金を提供して「二・二六事件」に深く関与した。戦後はA級戦犯容疑者で公職追放となった。

◈論客・如是閑の勧めで池長が援助

池長、久原のどちらの援助を受けるのかは、如是閑の仲介によって池長に決まった。この時、池長はまだ二十六歳の若さだった。

如是閑は二人の申し出を実兄でもある東京朝日新聞の社会部長、山本笑月にも報告した。

ここで如是閑の人柄を紹介しておく。

如是閑は大正デモクラシー期の代表的論客の一人で東京法学院（英吉利法律学校予科から改称、のちの中央大学予科）を卒業後は一九〇三（明治三十六）年から一九〇六（明治三十九）年まで陸羯南（国民主義の政治評論家）の経営する日本新聞社で活動した。一九〇六（明治三十九）年、羯南が隠退し、新社長となった伊藤欽亮が三宅雪嶺および古島一雄の退社を命じ、如是閑ら十数人もこれに抗議して日本新聞社を退社した。こののち、鳥居素川（明治・大正期の日本のジャーナリスト）の勧めで一九〇八（明治四十一）年には村山龍平の大阪朝日新聞社に入社した。

最初は小説を書いていたが、一九一二（大正元）年頃からコラム「天声人語」を担当するようになった。筆名の「如是閑」は朝日新聞記者時代のもので、非常に多忙であった彼に対し、ある支配人が「せめてペンネームくらいは閑そうな名前を」ということで名付けられた。一九一五（大正四）年には、「夏の甲子園」の前身である全国中等学校優勝野球大会を社会部長として企画創設した。

牧野は一九一八（大正七）年九月十六日、妻の寿衛子と芦屋の如是閑の自宅を訪問している。如是閑はこの仲介を縁にその後も牧野が亡くなるまで精神的に彼を支え続けた。牧野の随筆『植物学九十年』（一九五六年刊行）の序文には如是閑が「牧野先生の標本の製作は、まるで中世の名人芸で画家が絵を書くとのちっとも変わらない。出来上がったものを見ても立派な芸術品だ」との推薦文を寄せている。

池長が援助するようになったのは兄の山本笑月の要請もあった。池長の好意で援助が決まると早速、牧野は妻寿衛子と共にその年の十二月二十四日に池長家を訪問した。牧野家に行く予定をたてていた池長は牧野の来神に驚きつつも牧野への援助を申し述べた。

池長は十二月二十八日には池長家の支配人と共に上京して、牧野の債権者と交渉している。そして三十日には池長が牧野を援助する正式契約が、如是閑の家で交わされた。

具体的な援助の内容は四点。

①十万点の植物標本を池長が三万円で買い取り、それを再び牧野富太郎に寄贈する。

②牧野家へ月々若干の経済的な援助をする。

③神戸市兵庫区会下山《えげやま》の元小学校の講堂を移築した正元館に標本を保管し、新たに植物研究

所を設立する。

④牧野は東京から来神し毎月一回は神戸に行って研究する。

要するに池長は資金援助として当時の三万円、現在の貨幣価値に換算して約六千万円以上の金をポンと出して牧野の借金を返済し、植物研究所をつくるという援助内容だった。

◈独学で植物分類学の基礎を築く

牧野は明治から昭和にかけて、独学で日本の植物分類学の礎《いしずえ》を築いた。新種や新変種の命名は千六〇〇種以上、残した標本は四十万点以上に上る。牧野の学問の集大成である『牧野日本植物図鑑』（一九四〇年発行）は、刊行七十年以上を経ても今なお読まれ続け、不朽の名著となっている。

牧野は一八六二（文久二）年、土佐の国（高知県）高岡郡佐川村（現佐川町）に生まれ、生家は酒造りと雑貨を営む裕福な商家だったが、幼くして両親が病死した。

早熟の牧野は小学校に入学しても授業が飽き足らずに自然退学したが、文部省（現文部科学省）の博物掛図だけには興味を感じ、退学後も植物採集などをして過ごした。十四歳の頃、『重訂本草綱目啓蒙』を取り寄せ、独学で植物の名前を覚え、十五歳の時には退学した母校の臨時教員となる。そして十八歳で高知中学の教員、永沼一郎と出会い、欧米の植物学の影響を受ける。

独学で植物学を学んだ牧野は、十九歳の時に上京。その途中、牧野は神戸で当時、はげ山だった六甲山を見て、「雪が積もっているのかと思った」という逸話も残している。二十二歳からは、東京大学理学部植物学教室へ出入りし、矢田部良吉教授、松村任三助教授（のちに教授）の知己を得る。そして一八九三（明治二十六）年、大学助手となり東京と郷里を往復しながら土佐で植物採集と写生に励み、いつしか日本植物誌編纂《へんさん》の大志を抱くようになった。対象となる植物を徹底的に観察し、記録するのが牧野のスタイルでその精巧な図と、正確な特徴の記述は植物学の世界では高く評価された。

◈七十八歳で研究の集大成『牧野日本植物図鑑』を刊行

池長は池長植物研究所開設のため、財団法人に関する手続きや標本整理棚、標本箱、本箱などを注文し、阪神植物同好会の発起、書籍の整理など精力的に準備を進め、応接室に掲げる額字は牧野の上司にあたる松村仁三教授に依頼し、揮毫《きごう》してもらっている。

牧野は二十五歳のとき共同で『植物学雑誌』を創刊した。その後、二十六歳でかねてから構想していた『日本植物志図篇』の刊行を自費で始めた。今で言う植物図鑑のはしりだった。それから牧野は東京と郷里を往復しながら研究者の地位を確立していくが、同時に家産も傾いて行った。

二十七歳で新種のヤマトグサに学名をつけ、『植物学雑誌』に発表した。

一八九〇（明治二十三）年、牧野が二十八歳のときに東京の小岩で分類の困難なヤナギ科植物の花の標本採集中に見慣れない水草を採集する機会を得た。これは世界に点々と隔離分布するムジナモの日本での新発見であり、そのことを自ら正式な学術論文で世界に報告したことで、世界的に名を知られるようになった。

三十一歳で東京帝国大学理科大学の助手となったが、その時には生家は完全に没落していた。その後も各地で採集しながら植物の研究を続け、多数の標本や著作を残していく。

こんなエピソードが残っている。

ある日学生たちが牧野を試そうと、目隠し状態の牧野にある植物の根を渡し、「何の植物か」当てるようにと言ったことがあった。彼はその根をよく調べ最後に噛《か》んでから、「北の植物か南の植物か」と尋ねた。学生たちが「南の方です」と言うと、牧野は「グンバイヒルガオの根だ」と言ってみせた。噛んだ時、サツマイモの味がしたのでヒルガオ科ということがわかり、南だと聞いたので九州以南のグンバイヒルガオだと当ててみせたのである。

牧野富太郎は植物採集をすると、その日のうちに徹夜で標本作りをしていた。ところが晩年、採集会へやって来た彼は、胴乱（植物採集用の入れ物）の中に以前に採集し忘れてしまったために枯れている植物が入っているのを見つけた。彼は胴乱の中の植物を捨てながら、「とうとう俺もこのような事をするようになってしまった」とつぶやいた。

牧野は学歴の無いことと、研究に熱中するあまり、参照用に借り出した大学所蔵文献をなかなか返却しないなどルーズなところがあった。このため、研究室の人々との軋轢《あつれき》もあり厚遇はされず、経済的にも苦しかった。一九二六（大正十五）年には津村順天堂（現ツムラ）の協力を得て、『植物研究雑誌』を創刊した。

一九一二（大正元）年から一九三九（昭和十四）年まで東京帝国大学理科大学講師。六十五歳で東京大学から理学博士の学位を授与され、同年に発見した新種の笹に翌年亡くなった妻の名をとって「スエコザサ」と名付けた。

牧野は一般の人々にも植物知識を広めるため、横浜植物会（一九〇九）や東京植物同好会（一九一一）、阪神植物同好会なども組織した。このような同好会の伝統は現在、牧野同好会として活動が続けられている。

一番知られている彼の業績は、七十八歳の一九四〇（昭和十五）年に北隆館から出版された『牧野日本植物図鑑』である。これは執筆だけでも約十年かけ、六回も校正が行われ、牧野の植物知識の集大成となっている。この本は改訂を重ねながら現在も販売されている。

その他、東京の大泉にある牧野記念庭園、高知県にある県立牧野植物園、都立大学の牧野標本館などで牧野富太郎の植物学への功績を今日でも偲《しの》ぶことができる。

そして九十五歳で亡くなるまでに約四十万枚の標本と一五〇〇種類以上の新種や新品種に日本の植物名を付けている。日本植物学会会長も務め、博物学者、南方熊楠と共に明治後期から大正の自由教育の一翼を担い〝日本の植物分類学の父〟と呼ばれる。自らはあくまで生きた植物に魅力を感じ、「草木の精」と称した。

二〇〇九（平成二十一）年には、牧野をモデルにした映画「黄金花」が上映されている。

◈池長植物研究所づくりへ

池長は一九一六（大正五）年十二月三十日に牧野との契約が成立すると、直ちに研究所づくりを始めている。

一九一七（大正六）年一月三日の大阪朝日新聞にはこう発表されている。

「篤志家《とくし》家は法科大学生。世界的植物学者牧野富太郎氏のため神戸の青年素封家池長孟氏の美挙。神戸に植物標本陳列所を設立せん」

池長ものちに自伝の中で池長植物研究所について、「自分の持っているものを出来るだけ適切に社会のために役立てなければならないという自身の常識的な社会観、人生観によるものだった。父は私財を投げ打って公共のために尽くした。この父の遺志が不知不識の間に私の心に乗り移っていた」と述べている。

契約を交わした一九一六（大正五）年三月三十日、牧野は標本の束を東京から池長のところへ書留小包便で送っている。牧野の膨大な植物標本は当時、兵庫区会下山《えげやま》にあった「正元館《しょうげんかん》」という建物に運び込まれた。

正元館は池長の亡父、通が兵庫尋常高等小学校の元講堂を譲り受け、移築し「正元館」と名付けられていた。一九一二（大正元）年十一月十日に落成開館され、通が亡くなった後に池長に引き継がれた形見だった。

牧野は来神して池長に会うと、研究所となる正元館を下見し、池長とともに大量の標本の整理を始めている。二人の意気込みはすごく二人で汗を流した。そして牧野は七月二十一日、二十二日の二日間、池長の垂水の別荘に滞在し

大阪朝日新聞
◎篤志家は法科大學生
神戸に植物標本陳列所を設立せん
植物標本
救ひの聲
◇皇后宮の御仁慈
正式契約
祖先以來
大に賛成
今月早々
模範的の
今回の擧
權威者と
◇篤學者と篤志學生◇

「篤志家は法科大学生」と牧野の窮状を救ったことを
紹介している大阪朝日新聞（大正６年１月３日）

ている。その後も二人は池長研究所の在り方の参考にするため、岐阜の名和昆虫研究所や平瀬貝類博物館を訪れている。そして京都の島津標本店を訪れ、採集胴乱などを購入。このほか、参考資料として「本草綱目」や丸善でセンチュリー辞典十一冊などを買い求めている。

その当時の池長から牧野への手紙が残っている。

「上京中は失礼仕候。其の後先生は毎日標本整理に御多忙にて何かとご無理を願候。本日丸善の方へ直接にセンチュリー辞典代金全部金参拾五円也送付居置候。（中略）右御承知願上候十一月三日池長孟　牧野様」

その後も研究所の開館に向けて『森林樹木図譜』二冊、オリバー著『植物法』二冊、『ストラスブルガー』一冊などを購入している。池長は牧野が購入した書籍を高額で買い取り、書籍は整理されて「池長植物研究所図書」の印を押し、自ら「整理」「分類」「配架《はいか》」を行い、充実に努めている。

牧野も池長の別荘に滞在しながら開館準備の様子を鹿児

池長植物研究所となった正元館

島県の加治木中学校に勤務している教え子に宛てた手紙に綴っている。

「小生開館準備のため過日より肩書のところに（垂水池長別邸）滞在せり。九月上旬まで此処に居り申候。風光明媚《ふうこうめいび》な地なれば朝夕飽くことなくこれを眺め居候。双眼鏡にて和泉辺の連山を望めばその新緑の山嶺は高低相連なり、山の皺、目瞼の間に相見へ候。これを眺める毎《ごと》に九州を思い出さずに居られなく、九州を思うたびに貴兄を思わぬこと無之候。今眼前の山に対して数年前の事を想い感慨に堪えず候……」（一九一七年八月八日「田代善太郎日記大正編」）

◆膨大な資料、整理が頓挫

現実、整理は遅々《ちち》として進まなかった。池長自身、膨大な資料の整理や自分の理想とする植物研究所の設立、運営に対し危機感を抱くようになっていた。

学者肌で研究以外では美点である無頓着さと一種の無責任さを持つ牧野と、一方で神戸の旧家として面子《めんつ》を重んじ結果を急ぐ若い館長、池長との思いのずれが生まれていた。

池長のある日の日記には牧野への歯がゆい思いとともに誠実な思いも吐露されている。

「……喜んで先生の負債を返し、先生をして安んじて研究をし得るようにした。こうして先生のために研究所を起こして植物学のために不思議の因縁にからまれた。然《しか》れども牧野先生蒐集の標本は実に完全なるものの、まだ新聞紙に挟《はさ》みたるままにして、その名前牧野先生でなければ知る人なし。牧野先生はまだ博士ではないが、世界植物学者はわが国の権威として、まず牧野先生をおす。先生の家に書生になっていたものの多くは博士となっている。先生は今や老年。今、先生の業績を発表しなければ天下の宝も空しく朽《く》ちるだけ」

と池長は牧野を高く評価する一方で、さらにこう綴っている。

「しかし、先生は学者としての偏癖《へんぺき》がある。実に我儘《わがまま》にして人のいう事を聞く人にあらず。標本貼付も私が面前でうまく舵をとって初めて動かれる。この事業にあたって他のものは決して代理をなすことはできない。しかし、この事業の絶頂は今だ。しかも、私が胸中に描ける植物以外の国家的事業も多くある。植物研究所の基礎を定めて、さらに他の事業に努力したい」（勝盛典子「池長日記」）と焦る気持ちが綴られている。

一方の牧野自身も日記に池長への配慮の思いを記している。「実は牧野植物研究所とすべきであったが、私は池長氏に感謝の実意を捧《ささ》ぐためにその研究所に池長の姓を冠した」。

そして池長のこの悩みを解決する策として浮上したのが、研究所にある牧野の膨大な標本を京都大学へ寄贈するという案だった。

実際、池長は開所式に先立って九月十一日、正枝夫人と京都に行き、京都大学の荒木寅三郎総長と酒井佐保三高校長を訪問し、相談している。しかし、牧野にとっては援助を受けている身とはいえ、「京都大学へ標本を寄贈すると聞いたが、自分と標本とを引き離すとはけしからぬではないか」と憤り、「池長問題」として尾を引くことになる。

池長は一九一八（大正七）年九月二十日、「植物研究雑誌　第二巻第一号」に牧野との出会いと支援するに至った経緯を綴っている。

「……私ハ一ノ学術研究所ヲ起スベキ希望ニ憧憬《しょうけい》スルヤウニナリマシタソレニシテモ民間ニ於《お》テ既ニ昆虫ニハ名和氏ガアル貝類ニハ平瀬氏ガアル然《しか》ラバ今度ハ植物ノ研究所ヲ起スガ最適当デハアルマイカト遥《はる》カ前方ニ当ッテ光明一点私ノ魂ヲ誘フガ如ク感ゼラレマシタ。

天我希望ヲ空クセズ偶然ニモ我目前ニ展開シテクレタノガ大正五年十二月十八日の『大阪朝日新聞』デシタ」

さらに池長は母しまの承諾を得た上で、牧野への援助を進めていることを明らかにしている。

「早速母ノ承諾ヲ得朝日新聞社ノ御世話ニナッテ牧野先生ト交渉ヲ開始シマシタ債鬼《さいき》ニ追ハレレテ先生ハ家ニ居タヽマラズ私ガ東京へ立タントシテ居ト所へ来神サレテ突然私ノ家ヲ驚カサレマシタ他人ニ先鞭《せんべん》ヲツケラレテハナラヌ何トイフ滑稽《こっけい》ナ言葉デセウアレ程ノ新聞記事ニ対シテスラ我ガ富豪ノ一人トシテ之ニ指ヲ染ムル者無ク不遇ナル先生ヲ猶《なお》モ虐待ノ鞭《むち》ノ下ニ放棄シテ見物シテ居タノデス最早躊躇《ちゅうちょ》スベキ時デハナイ私ハ直《じか》ニ牧野先生ト御一緒ニ東上シテ債権者トモ話ヲツケココニ始メテ従来一面識モナカッタ先生のタメニ私ノ専攻シテ居ル法律学私ノ趣味ヲ有スル文

学トハ御門違《おかどちが》ヒノ植物学ト生涯ヲ共ニシナケレバナラヌ不可思議ナ因縁ニ捉《とら》ハレタノデアリマス」（池長孟「本誌第二巻ノ巻頭ニ懐ヲ述ブ」『植物研究雑誌』第二巻第一号）

牧野も苦衷《くちゅう》の心中を鹿児島県の加治木中学校に勤務している教え子に送っている。

「拝啓、先般来種々取り込みごとのため、大いに御不さた申し上げ候。（中略）池長問題突発のため、予て計画せし講習会などすべて皆オジャンとあいなり、残念に存知候。ただ今未決に候へども多分そのような結果と相成るべくと存候。これは池長家庭の事情と一軍人の野心の結果、池長研究所の破滅と相成るべく存候……」。

開館直前の十月二十九日、牧野の日記には池長からのいくつかの申し入れが記されている。「池長氏の別邸に滞在しないで、宿屋に泊ること。池長氏宅の女中を使わないこと、標本台紙を買うこと」などと記され、すでに二人の関係が悪化している状況であることが分かる。

◈池長植物研究所の開所式

牧野の大量にある標本の整理は済んでいなかったが、池長植物研究所の開所式は見切り発車の形で一九一八（大正七）年十月三十一日から十一月三日にかけて各界からの関係者を招き大々的に開かれた。当日の模様は大阪朝日新聞（神戸版）では池長館長と牧野所長の写真入りで詳しく紹介している。

「式場は、同所楼上なる六十坪の洋式大広間で其処から大神戸の街、青海、緑の山が一瞼の下に集る、場の四方には三十の標本が整然と並んで仏壇の様に美しく白布を掛けた卓子（テーブル）が幾通りもありて其《そ》の上に種々の草花が清々しく飾ってある」。

そして、一日目は神戸の小・中学校長、師範の学校長ら八十余名を招き、二日目は親戚二十余名を呼び、最終の三日目は清野長太郎兵庫県知事ら官公職員、新聞記者ら六十余名を招待したと紹介している。

宴席の卓には「植物の珍味の漬物」「西洋の草の実」などのアイデア・メニューが供され、記念品として配った絵葉書は三枚一組の三種類で、内一組は池長が自ら描いた絵をベースにデザインしている。池長は「設営」「料理」「記念品」もすべて自ら手配するほど開所式に力を入れた。

しかし、この席上には牧野と池長の間に立って人知れず苦労していた長谷川如是閑の姿は見られなかった。

この時期、如是閑は米価高騰の裏に横行していた米穀商の米の買い占めをスクープしており、これがひとつの引き金になって一九一八（大正七）年の米騒動にまで発展した。全国に波及した米騒動の報道を規制しようとする時の寺内軍閥内閣が「大阪朝日」の論陣にも及んだ。如是閑は開所式の前月の十月十五日に「大阪朝日」を退職し、政治学者の大山郁夫らと雑誌『我等』を創刊した。これは、日本における本格的なフリージャーナリストのはじまりだった。

吉野作造（政治学者、思想家）、大山とともに、如是閑は大正デモクラシーを代表するジャーナリストとして、大正から昭和初期にかけて進歩的、反権力的な論陣を張り、『現代国家批判』『日本ファシズム批判』を著している。特にファシズムの猛威が吹き荒れようとする初期の段階で、他者にさきがけてファシズム批判を展開した。戦後の一九四六（昭和二十一）年最後の貴族院勅撰議員となり、一九四七（昭和二十二）年に帝国芸術院会員となる。さらに一九四八（昭和二十三）年、文化勲章を受章し、一九五四（昭和二十九）年には東京都名誉市民にも選ばれている。

あいさつに立った池長は植物研究所の開設の動機について述べている。

「近来無意味なる寄附を請《こ》はるゝことが多いのと成金輩が財を散ずる途《みち》を誤るのと日本では兎角《とかく》学者を優遇せぬと是等が私をして何か纏《まと》まった仕事に金を注ぎ込み、少しでも世を益すると共に学会の為に尽くして見たいとの決心を起こさせたのであります」。

次いであいさつに立った牧野は自分の生い立ちから今日にいたる経緯を語り、「もう如何《いか》にも借金に堪へられぬようになった、其《そ》の時朝日新聞社が非常に同情して下すつて遂にこうして池長氏に助けられるゝこととなった」と結んでいるが、その中で、若いころから植物研究を趣味としたために、「料理屋遊びなどしなかったのは全く其の趣味お蔭である」と語っている。

牧野は池長から支援を受けた三万円のうち、数百円を兵庫区の色街・福原の長谷川楼で使ったとのうわさも流れており、池長は牧野のあいさつをどんな気持ちで聞いていたのか心中が察せられた。

十一月一日の二日目の記念写真には中央にフロックコート姿の牧野、右隣に寿衛子夫人、左隣に五分刈り頭で羽織袴姿の池長と新婚早々の初々しい正枝が写っている。

しかし、現実に目を移せば牧野の標本つくりは精緻《せいち》を極《きわ》めるもので作業は遅々として進まず標本はたまる一方だった。

◈池長の現実からの逃避？

業《ごう》を煮やした池長は植物研究所の準備を進める一方、不可解な行動を起こしている。一九一八（大正七）年には志願兵となるために自ら徴兵検査を受け、甲種合格している。なぜ、池長は植物研究所づくりに専念しないで、軍隊に入営しようとしたのか。

大々的に開所式を行ったにもかかわらず、研究所がうまく運営しない場合、兵庫の名家としての池長家の面子《めんつ》がつぶれ、池長家の養子としての自分の立場も危ぶまれた。軍隊の入営は不安の裏返しとして一種の現実からの逃避行だったのかもしれない。

植物研究所の開所式からわずか一カ月後の十二月一日、池長は陸軍予備幹部の補充を目的とした姫路歩兵第三九連隊に「一年志願兵」として入営している。牧野への支援、正枝との結婚、植物研究所の開所、陸軍への入営と池長はわずか二年間で目まぐるしい人生を歩んでいる。

池長と姫路の第三九連隊で一緒だった伊藤五朗は池長の人間的なエピソードを語っている。

「入営当時、私は兵営の麦飯は一寸咽《ちょっとのど》を通らなかったが、隣の志願兵は最初から平気で兵隊と同量の麦飯を平《たい》らげている。大した食欲だなあと感心した、これが池長君に対する私の初印象だった。当時の兵営生活は不必要なまでに階級制度が厳しく古参兵は問答無用とばかりに威張《いば》り、私たち志願兵は随分苦しめられたものだが、池長君は当時から既に大人の風格を具《そな》え同君には、乱暴な古参兵も遠慮気味で不合理な環境の中でも毅然《きぜん》たる存在だった、中隊長伴大尉は仲々《なかなか》進歩的な軍人で兵営内の蛮風を幾分かでも無くし度《た》いという意見で私達志願兵に忌憚《きたん》なき日記を書かせたが、そんな時でも池長君の意見が最も多く採用せられた様だ、同君は何かの集まりの場合も仲々ユーモアのある堂々たる挨拶《あいさつ》をして私達は一寸適《かな》わぬと思ったものだった。又日曜日も私達のように酒を飲んで町を闊歩《かっぽ》するということもなく、必ず当時新婚早々の奥さんとどこかえ消えてしもうて、そんなことでも私達の若い心に強い印象を与えた」

池長は「お金持ちのぼん」に違いなかったが本質は「質実剛健」の気質で親分肌があった。階級制度が厳しい陸軍にあっても「上官の鉄拳制裁」とは皆無だったようだ。

ただ、池長の入営中に、植物標本を京都大学に寄贈を勧めた仲介者が、標本を差し押さえようとした形跡があった。その動きを察知した牧野は憤慨《ふんがい》して日記の末尾メモにこう綴っている。

「永久に研究ができる約束なのに標本も書籍も形だけにする。もし始めより二、三年にして之をやむるという訳なれば何で標品を引き渡すべきぞ。その期間わずかのことを基として口実を作り、標品を取り上げんとするは合理にあらず。学者を弄《もてあそ》びしとどうようなり。初めより標品を売りしにあらず。出して貰いし金は負債整理のためなり。標品を抵当にせしにあらず。標品を売りしあらざるは其《そ》の標品に評価を付せざりに見ても明らかなり。この如き根本に触れし重大な問題を本人の自由にならざる入営中に持ち出すべきものにあらず……」

一方の池長も一九二〇（大正九）年五月二十九日、除隊後の日記の巻末に最初で最後の牧野への本音が吐露されている。

「学者を裸にすれば、学者ほど物の分からぬものはない。ふだん大きな顔をしている学者ほど融通のきかぬものはなし。（中略）理屈をいえども学者ほど心卑劣なものはない。表で綺麗《きれい》な事をいえども学者ほど心の小さなものはなし。ふだん大きな事はいえども目先のきかぬものなし。（中略）学者ほど泥棒をするものはなし」

植物研究所の運営が滞る一方で、逃避するかのように池長は桃山時代に流行した南蛮美術の蒐集にのめりこむことになる。

さらに牧野が池長から支援を受けた金で福原の長谷川楼で使ったとのうわさもあり、池長の母しまは、牧野の愚行を責め、池長家の養子であった孟は窮地に立たされていた。

池長はこのような実情を長谷川如是閑に訴え、如是閑は池長植物研究所へ出かけることになった。池長の美談が悪い方向に行くのを食い止めたのは如是閑の奔走だった。仲介者としても池長の母の怒りをなだめ、池長の母、しまにも丁重に詫びを入れた。

この時の経緯について如是閑は『植物学九〇年』の序文に綴っている。

「何か月か経って、池長君が芦屋に来て、牧野先生の標本の製作が、一向に進まないので困ると訴え、老に私から催促するようにと云うことだった。私は牧野老の標本について、かねてその道の人から、牧野家にある標本の大部分がまだ殆《ほとん》ど整理されていないのは、それが先生自身の非常に入念の仕事で、採集そのことよりもむずかしいからだ、というようなことも聞いていたので、それを池長君に云って、多少の遅れるのは覚悟しなくてはならないといった。池長君は母親からも何かいわれたらしく、間に入って困っているらしかった。私はとにかくそのむきを老に伝えるべく、早速別荘に行った」

池長は自分の理想とする植物研究所の運営ができないことが実感され、さらに整理も進まないこともあり、結局標本は公開されることはなかった。

◈二十五年間にも及んだ「池長問題」の決着

その後、実に二十五年間にも及んだ「池長問題」は池長の判断で一九四〇（昭和十五）年八月、池長植物研究所に長年保管されていた、膨大な数の植物標本と蔵書等が牧野のもとへ返却されることになった。

池長と牧野の歩む道は分かれたが牧野の膨大な数の標本や蔵書は売られることもなく、京都大学へ移ることもなかった。二十五年という長い歳月の間、誰も出入りしない正元館（旧池長植物研究所）で火事や盗難にも遭わずに無事に牧野のもとへ戻ったことは幸いだった。

池長は標本を牧野に返却するにあたって二人の関係に悩みながらも心温かい手紙を送っている。

「先日は失礼しました。久しぶりにお元気なお姿に接し嬉《うれ》しく思いました。満州のお土産の整理も中々のことと思います。あの節お話の植物標本等至急東京の方へお送りしたいと思います。就《つ》いては別紙のような簡単な覚書を頂戴《ちょうだい》しておきたいのです。これも行く末を案じる私の微意をお汲《く》み取りください。尚引き取りのため御来神を願います。実はあの正元館の建物は今度菊水鍛刀会に譲ることになりました。委細はお目にかかったときにお話申したいと思います。七月十八日」

「覚え書　本書に於いて牧野富太郎を甲とし池長孟を乙とす　池長植物研究所より東京に送付したる植物さく葉標本（押し葉にして保存する植物標本）及図書の類は
一、甲乙の共有たるべき事
一、甲を中心としたる植物研究団体が財団法人等確実なる団体となりたる時はこれに寄贈す。
一、その他の団体に寄贈する場合或いは他に処分する場合は乙の同意を要す。
○月○日　　牧野富太郎（印）　池長孟（印）」

この覚書には池長の「もう二度と流失しないでいてほしい」という〝パトロン〟としての思いやりがあふれている。

これに対し牧野は自ら「気になった我子もどりし歓喜哉《かんきかな》」と色紙に揮毫《きごう》し、喜びを表した。のちに発行された牧野富太郎写真集には標本を運び出すときの池長と牧野の二人の記念写真が映っているが、牧野は汗とほこりにまみれたステテコ姿で映っており、標本が自分のもとに戻ってきた安堵感を表している。

一九四一（昭和十六）年三月二十一日、東京朝日新聞には「苦心の標本三十万点が二十五年目に帰る。牧野博士に相次ぐ朗報」、大阪毎日新聞には「わが子植物還《もど》る二十五年目の春　牧野博士を活る佳話《かわ》」と題した記事が紹介されている。

一九四一（昭和十六）年、牧野の植物標本は牧野が住む東京へ運ばれた。池長が善意で買い集めた書物も「牧野植物研究所」の印が押されて贈られた。

池長の牧野への援助はいったん打ち切られたが、牧野に献身的につかえた妻、寿衛子への援助は亡くなるまで続けていた。池長と牧野の関係は一時期、泥沼的な関係になったが、池長は尊敬する人物として、博物学者の南方熊楠（博物学者、生物学者、民俗学者）と牧野富太郎を「偉大な二大野人」と評価してやまなかった。

池長は牧野への援助と池長植物研究所設立の経緯について回顧している。

「終《つい》に世界的の植物の権威、牧野富太郎が背負って苦しんでいられる多額の負債をかたづけることになった。この話の肝煎《きもいり》は朝日新聞の長谷川如是閑《にょぜかん》氏と、その神戸市支局長の遠藤楼外楼氏であった。そして布引下の三宅という料亭（今の晩翠）でとりきめられたのである。その結果植物さく葉全部をひきとって、会下山《えげやま》に植物研究所をつくったのである。この事は新聞にも大きく発表されたが、遂にこの事業は失敗に終わった。というのは、牧野先生は植物学においては偉い人であるが、しめくくりがつかない。標本も新聞に挟《はさ》んだままで、ちっとも整理ができない。これも無理も無いところであるので、整理のために神戸に見えた時でも、次々に学校の先生連が植物を持ち込んでは質問する。牧野さんも好きな道だから話に花が咲く。或は誘われて採集に出かけてしまう。だから進行係がつきっきりにして邪魔を撃退し、整理を急がねばならぬ。助手をつかって標本を貼らせる事も先生は承知しないのである。私も着手する前からこんな先生の欠陥はよく知っていたので、それを押しきってやるつもりであったが、その肝腎《かんじん》の私が兵隊にとられてしまったので、気がぬけてしまった。更に私が洋行するに及んで一層進行がはばまれた。もう一つ悪いことは、もともと私自身植物に大した趣味も有せず、門外漢であったことである。もう一つ更に悪いのは、養母が牧野さんの言動に理解が持てなかった。……乃《すなわ》ち失敗に終わったが私には大勉強であった。」(自筆備忘録)

池長コレクションに詳しい元神戸市立博物館学芸員で現在、香雪美術館学芸部長、勝盛典子さんは池長の心中を解説する。

「池長親子はお金と地位を持っている者は社会貢献するのが当然と思っていた。そして池長は南蛮美術の蒐集と貴重な標本資料を蒐集している牧野さんの支援を行った」と池長の姿勢を評価する。

池長美術館の前の池長孟(左)と
牧野富太郎

そして池長が植物研究所の準備に際して触れた牧野の深い知識と探究心、実際に手にした優れた蔵書、さらには池長が担った書籍の蒐集や公開に向けて実務経験したことに言及し、「これらの経験が短期間で池長コレクション完成への大きな原動力になったことは間違いない」と話している。

◈池長植物研究所跡

池長植物研究所は現在、会下山《えげやま》公園に研究所跡の碑が建ち、そこに至る坂道は「牧野坂」と名付けられている。そして跡地には牧野が七十八歳で刊行した研究の集大成である『牧野日本植物図鑑』を模した石碑が設置され、「花在《あ》ればこそ吾《われ》れ在り」という彼のことばも復刻されている。

そして石碑の説明文には、以下のように紹介されている。

「世界的な植物学者〝牧野富太郎〟博士の研究所が大正七年から昭和十六年までこの地にあった。植物研究所は、南蛮美術収集家として著名な池長孟が牧野富太郎のために提供したものである。日本の植物分類学の先駆者である牧野富太郎は『ヤマトグザ』を初め数々の新種を発見し、独学で研究の結果六十六才で理学博士、九十歳で文化功労者となり、昭和三十二年九十六才で没した」

石碑の近くには牧野が東北地方の仙台で新しくみつけた笹で亡き妻、寿衛子夫人を偲《しの》び、名付けられた「スエコザサ」が植えられている。このスエコザサは会下山町内の牧野ファンや高知県出身の人たちが中心になって同県の牧野植物園から寄贈してもらい、阪神淡路大震災から十年経過した二〇〇五（平成十七）年にここに植えられた。

また牧野が神戸に来た時の常宿として池長が建てた坂の下の「会下山館」の石の門柱も置かれていた。「会下山館」の門柱は阪神淡路大地震で倒壊、がれき処理の中で一時行方不明になっていたが、後になって兵庫県小野市のがれき処分地で見つかり、左側が研究所跡、右側が会下山館近くの川池公園に戻ってきた。

結局、研究所は公開されないまま閉鎖されたが、神戸時代の牧野の足跡を研究してきた白岩卓巳さんは「援助の手を差し延べた池長孟らがいなかったら植物標本も残せず、世界の植物学者牧野富太郎はなかった」と、著書で述べている。

地元の役員は「地元だけでなく役所の職員の中にも牧野ファンが多く、熱心に取り組んでくれました。遠くから訪

池長植物研究所跡地。今は植物図鑑をかたどった石碑が建てられている。

ねてくる植物好きの人や、ハイキングや史跡巡りのコースに組み込んでいるグループも増えているようです」と話す。牧野が会下山を拠点に六甲山をはじめ近畿各地で実地指導や講演会を重ねて植物愛好者のすそ野を広げたことで、没後もファンが絶えない。

現在、会下山には桜だけでなく九十四種の植生が見られ遠くから訪ねてくる植物愛好家や、ハイキング、史跡めぐりのコースに組み込まれている。

第4章

南蛮美術、波瀾万丈のはじまり

◈除隊後は「兵庫の旦那はん」

軍隊を除隊して自宅に戻った池長は父の後を継いで神戸市の「学務委員」という名誉職についたが、刺激のない日々を送っていた。退屈のあまり、地元の花街・柳原で多くの芸者に取り巻かれ飲み騒ぐ日も送った。池長には柳原に貸家が九十数軒と、多くの土地も所有する「兵庫の旦那《だんな》はん」で人柄が良く遊び上手だけに芸者にも人気があった。ただ、文学志向が強く芸者遊びだけで満足することはなかった。

そんな時に池長の文学熱に火がつき、一九二一（大正十）年九月、今様集『紅塵秘抄《こうじんひしょう》』を自費出版している。「今様《いまよう》」は平安時代に流行した日本歌曲の一形式で本のタイトル、自ら手掛けた装丁など、池長のユニークな文学志向を如実に表している。

『紅塵秘抄』の中から池長の秘抄を紹介すると—。

「〝春の悲哀〟
アルカリ性と酸性は　フラスコの中にて溶けにけり
春の弥生のかなしみは　フラスコの中より生まれけり」
「〝狂人言〟

紅塵秘抄

わしから見れば世の中の　正気の者こそ間違へり
列車は動くものならず　須磨や明石が走るなり」
「〃三越〃
紅のもみうら緋ぢりめん　きぬをさく音たたむ音
きらびやかなるさんざめき　春はここにぞあつまりぬ」
「〃蛙《かわず》〃
古今集にほめられて　芭蕉の翁を悟らせし
蛙なりけり田の泥に　まみれてぎゃあぎゃあなきしきる」
「〃世相〃
れんげがのびればたんぽぽは　こっちへ来るなと肱《ひじ》を張る
菫《すみれ》の花が泣き出せば　慰めにかかる鬼薊《おにあざみ》」

池長はこの時期、神戸・新開地を開発した土木会社のオーナーで父の通と親しかった神戸財界の武岡豊太の自宅に呼ばれた。

そして、武岡はいきなりこう言った。

「なあ、池長君、これはあんたが買うたらどや。あんたに持たせよう思てとっておいたんや」。

武岡が買うように勧めているのは、歌川広重の《東海道五十三次》（保永堂版）だった。

武岡はさらに続けて「この宝物、しっかりつなぎ止めとくんが社会に対するわしらの務めや。人間それぞれの持ち分で社会に奉仕するこっちゃで」。

武岡の言葉は、今後の池長の「コレクター人生」の動機付となった。この時池長は三十一歳だった。

◈世界一周の洋行で「美」に対する憧憬

「孟君、洋行しないか」。池長は神戸一中の同窓の畑徳二郎から声を掛けられた。

池長は父親の事業を引き継ぐ傍《かたわ》ら思い立って一九二二（大正十一）年四月十四日に見識を広めるために友人たちと海外に向けて船で神戸から旅立った。アメリカからヨーロッパにかけて世界八カ国を八カ月かけて巡遊した。この旅ではボストン美術館、ロンドンの大英博物館、パリではルーブル美術館やルクセンブルク美術館に出かけ独自の審美眼を磨き帰国した。文字通りの漫遊の旅である。

これが「南蛮美術」に目覚めるきっかけとなった。ニューヨークでみた実業家ヘンリー・フリックの欧州絵画の蒐集や、ローマで見た枢機卿シピオーネ・ボルゲーゼのバロック美術（16世紀末から18世紀初頭にかけヨーロッパ各国に広まった様式）の蒐集を目の当たりにした経験は、日本人の池長にとっては働きかけて来るものが何であるかを考える、大きな経験であった。また、池長は欧米旅行の帰途「北野丸」の船上で理論物理学者のアルベルト・アインシュタイン博士と出会い、洋行手帳にアインシュタイン博士のサインをもらっている。

池長は世界一周の洋行について、自分を大きく成長させたと回想している。

「私の中学時分の同窓であり殊《こと》に親しくしていた畑徳次郎君が須磨駅の西の方の二本松に住んでいた。……私が兵隊にはいっている間に畑君は会社からニューヨークかロンドンかの店に出張していた。私は兵役勤務が終わって退営し畑君は帰朝していたのでよく遊びに出かけた。その畑君が突然私に、洋行しないかという。何故かと問うと、自分の神戸高商の友人で品川良造君（多門通りの品川家の養子で須磨に住んでいた）が洋行するについて、一人では淋しいから誰か一緒に行く人を探している。君なら丁度《ちょうど》都合がいいと言う。重大な話があまりに急であり、且《か》つ私も漸《ようや》く退官したところで更に又妻ともしばし別れねばならないので大英断を要したが、根が放浪性の強い私のことだから、話はトントン拍子に進んで、品川君にも会い、終《つい》に大正十一年四月十四日、養母や妻やまだ漸くかたことの言え出した澄《きよし》〈長男〉に送られて、太洋丸で神戸を出帆した。そして横浜に寄港し、ホノルルを経て桑港《サンフランシスコ》に上陸し、ロスアンゼルスに出で、船中で一緒になった小説『地上』の作者で若き天才と唄われた島田（清次郎）君とホリウッドに早川雪洲氏（国際的映画スター）を尋ね、当時落魄《らくはく》していた上村草人氏（映画俳優）に送られ、ロスアンゼルスを立ってニューヨークに入った。後ロンドンに渡り、パリに出で、安物ホテルに荷物を預けて、スイス、伊太利《イタリー》、墺国《オーストリア》、独乙《ドイツ》、ベルギーを見物して巴里《パリ》に帰った。」

池長はしばらくパリで落ち着くつもりであったが、不在中に妻から来ていた手紙で、やがて二番目の子供が生まれるとの知らせであった。

そのために池長は急きょ、帰国することになった。

「ロンドンに飛行機を飛ばせて、郵船会社にかけつけ、最近に出る船を頼んだら、幸い最上等の室が予約解除されて空室になっていたので切符を買い、又飛行機で巴里に帰り、マルセーユからその北野丸に乗って帰った。その時、アイシュタイン博士やら、石井菊次郎大使、徳川義親侯、鳩山秀夫氏等が同船だった。……石井、徳川、鳩山三夫人等とよくダンスを踊った。同十一年十一月帰国、澪《みお》（長女）の出産に漸《よう》く間に会った」

この洋行はただ漫然たるもので海外の空気に触れただけだが、池長を非常に大きなものにした。

「よく若い時に思い切って洋行しておいた事だと思う。ボストンの美術館では浮世絵を見せられ、日本人の管理者、富田幸次郎の案内で特に陳列以外の品物を見せてもらった。ロンドンの大英博物館では唯々《ただただ》広大無辺なるその蒐集の大規模に驚くばかりであった。巴里《ぱり》ではルーブルやルクサンブール美術館で名画の鑑賞に酔い痴《し》れた。伊太利《いたり》では羅馬《ローマ》のバチカンやフローレンスに美術館や古寺院をかけまわり、ミケランゼロやラファエロやボッチチェリに驚いた。私はここに始めて、凡俗とはかけ離れたる偉大な天地を目のあたりに見たのである。美に対する憧憬の刻印は、私の頭脳に深く焼きつけられた。」（自筆備忘録）

海外での経験を生かし、池長はその最大の社会還元として美術品の蒐集に乗り出した。一八〇センチの長躯《ちょうく》でエキゾチックなロンドン仕立てのスーツに身を包んだ池長は「つらつら世間を見るに、お金つかいの名人はあまり見当たらない」といいながら、自らその財産を南蛮美術品の蒐集に惜しげもなくつぎこみ、みずからを「南蛮堂」と号することになる。

◈型破りな校長の誕生

池長は一九二三（大正十二）年から神戸の育英商業（現育英高校）の校長を請われ二十年間務めたが、三十三歳の若い校長はまったく型破りだった。

育英商業はもと育英義塾といい、徳島出身で県立商業の数学の先生をしていた庄野一英が、一八九九（明治三十二）年に神戸市内で設立した。一九二三（大正十二）年四月、その庄野が急逝したため、学校側では池長に校主兼校長になってくれるよう、依頼を持ちかけた。悩んだ池長が、亡父と親交のあった大西直三（兵庫小学校の図画の先生）に相談するとこうアドバイスを受けたという。

「そうか……それはよいこっちゃ、しかしそれはな、君の学識や力量を買いに来たんと違うで……そりゃ金や……それをよく知っての上の事なら、やってもよいがな……」（『池長孟と私』石阪孝二郎）

実際、池長の義父・通は兵庫区周辺に広大な土地を所有する地主で孟も育英義塾予備科を卒業して兵庫県立神戸中学校（現・県立神戸高校）を進学した縁もあり、育英義塾の有力な後援者でもあった。通は育英が湊川に校地を移転する際には、「兵庫港地方地主組合」の代表として、土地提供の便宜も図っていた。こうした通の功績に加え、莫大な資産を所有し、自らが育英義塾の出身で第三高等学校・京都帝国大学法科卒業の俊英であることも見込まれた。

池長は「人間の運命というものがいつどんな風に展開するものであるか全くわからないという事を今度はしみじみと味わった」と語り校長職を引き受けた。

一九二三（大正十二）年十月二十九日、これまでは「士魂商才」（武士の精神と商人としての才能を併せもっていること）を校是とし、ソロバンと簿記に明け暮れていた商業学校に、三十三歳の若い校長が誕生した。

校長に就任した池長は生徒手帳に新たに「万華鏡」と題した教訓を書き加えた。

その教訓には欧米思想の合理的精神を奨励し、文化や芸術を親しむことを説いた。そして「盲従するな。付和雷同するな。正義のためには千万人をも敵として戦え」と個人としての自立を鼓舞する姿勢を求めた。

この当時の時代の空気は知識人の多くが朝鮮や中国に対して「優越感」や「大国意識」があったが、実際に欧米旅行し広い国際的な視野を持った池長にはそういう意識はなかった。池長の教育への思いは〝人間創造の母体〟たる役目だった。

◈情操を養う「美の教育」を展開

池長は学校教育での過重な期待に警鐘を鳴らしている。

「学校なんかで、何の教育が出来るか？　今の世人はあまりに学校を買いかぶりすぎている。一にも学校、二にも学校、教育は全部、学校に一任してそれで事足れりとしてすましこんだ顔をしている。これ程危険な事はない」。

そして「抑々《そもそも》人間の各自が持つ偉大な力は、天から授かったものである」として「だから優れた教育家の仕事は、各自の持つ天与の力を充分延ばさせるにある。教育とは自学自習、自力で開拓進展するのを援助するにとゞまる。故に学校では文字を教えて読書力を養成し、自らの必要に応じて研究する基本力をつくればよい。数理をつぎこんで組織だった頭脳を養えばよい。美的情操を練って人格を高め、身体を鍛えさせればよい。その上は各自専門の技料を養うにある。断じて学校教育は機械や生《い》き字引《じびき》をつくるのではなく、人間創造の母体たる役目をつとむるにとゞまる」

「教育家自身を始め、社会一般も、この教育の根本問題をわきまえず、この世智がらい世に中に、天下の活気ある青少年に、無駄の努力を強《し》いて、その精力を消耗せしむるは、実に嘆かわしき限りである」

　そして池長は大きな人格をつくるには智の方面からばかりでなく情操を養う「美の教育」を最も重要との持論を展開している。

「それには芸術に深き理解を求めなければならない。……よき音楽を聞かせ、よき映画を見せ、よき絵画に接せしめなければならない。私がここに、特に声を大きくして叫ばんとするものは、教育に於《お》いて最も重要なる位置を占むべき、社会教育の絶無である。我々大人の教えらるるものは、何一つ無い。子どもの教育よりは、親爺《おやじ》教育が目下の急務である。親爺が賢くなれば、子どもはひとりで賢くなる。然《しか》るにラヂオはくだらぬものばかりを放送し、図書館では駄小説のみを包蔵し、見るべきほどの美術館も持たぬ。あまりに貧弱な文化施設を如何《いかん》とかなす。

　私は前言を改訂する。学校教育は重大である。併し、本末を転倒《てんとう》せず、教育の本義の理解から出発しなければならぬ。そして、学校教育は、社会教育の、ほんの一部であることを知らなければならない」（『浮世絵美術館―建設の機運―』）

池長は学校へは滅多にでなかった。それでも自分の給料のほとんどを当時全国でも名門として知られていた硬式野球部の部費に振り向けていた。学校教育というよりは社会教育、親爺教育を重視していた。実業学校に欠けていた一般教養にも力を入れ、上級生の修身と西洋史の授業は自分で受け持ち、授業内容には文学と美術の話を豊富に取り入れた。そして校長の池長自ら蓄音器をかけて生徒らにレコード鑑賞させた。「運命」「サロメ」など数々の名曲を聞かせ、一曲ごとに曲の解説をした。

そして「近代人になろうと思えば、ダンスをしなさい。映画を大いに見なさい。洋画邦画を問わずどんどん見なさい」と実際に池長

校長室の池長孟校長

自身が生徒を映画館に連れて行き、風紀係の教師を困らせた。ダンスについても、「社交ダンスの楽しみ方をつきつめていけば結局、男尊女卑の日本の生活習慣や恋愛観を改めなければならない」と諭《さと》した。

育英商業の卒業生で母校の教諭となった竹中重文は校長時代の池長について愛着を込めて紹介している。

「『私は修養という言葉が大嫌いです。私の好きなのは鍛錬です』。育英商業の入学式の日、幼い私は貫禄堂々たる先生の腹の底から出る声に気をのまれていた。長身でがっしりした体躯《たいく》に、生き生きと血色のよい顔。開口一番。型破りのあいさつに今までのいわゆる『校長先生』のイメージは吹っ飛んで、あたらしいタイプの教育者をはじめて見たのだった。それから間もない天長節。壇上の先生の訓辞は約三十秒。あっというまに、さっと降壇された。延々と長いお説教に卒倒者を幾人も出した小学校時代の式典に比べて、その破格なのに驚いたが、同時にホッとした思いもあった。この短い訓辞が、ふしぎに一語一語印象に残っている。

竹刀の響きのはげしい道場に、黄色い色にまじって牡牛のような底力のある声がする。見れば巨漢がひとり、ひどく打ち込まれ、時にははげしく打ちかえしている。誰だろう、剣道師範にしては失礼ながら少し……。

それに闘志がすさまじ過ぎる。上級生にしてはあの声がどうも……。終って面を取った顔をすかさず拝見すると……、校長先生。また、イメージがこわされた。そして、あたたかい親近感がこころの底から湧《わ》いて来た」

池長は「頑《かたくま》な島国根性、井の中の蛙《かわず》的な発想をかなぐり捨て、もっと広い国際的な視野をもつべき」と若者に説いた。

大正デモクラシーの洗礼を体いっぱいに受け、半年にわたる欧米旅行で目覚めた国際感覚は池長に大きな影響を与えていた。

◈妻正枝の突然の死去

結婚八年目、正枝は長男・澄《きよし》、長女・澪《みお》に続いて三人目の子を身ごもり、生まれた子供は廣《ひろし》と命名された。しかし、その後、正枝は産後高熱が続き、一九二五（大正十四）年十二月二日、産褥《さんじょく》熱（出産時に感染して引き起こされる発熱。現在ではまれな病気となっている）の発作を起こし亡くなった。まだ二十八歳の若さだった。池長は生まれたばかりの乳飲み子と三歳と五歳の三人の子どもを抱えて呆然《ぼうぜん》とした。

校友会誌「育英」に正枝の病状が危険な域までさまよっていたその時の状況を綴っている。

「私、近時俗務に追われ思を詩郷にひたすの余裕無し。且つ最近次男坊製作に従事中、即ち妻が出産後発熱病褥にあり多忙を極め脳裡亦《また》混乱すとても推敲《すいこう》の暇無し。於是下がきそのままに公開するものなり」。

二人の結婚生活は正枝が二十八歳と早逝したため八年間と長く続かなかった。実際はこの間に一年半の軍隊生活と七カ月の洋行があったので、夫妻でともに過ごした時間はさらに短かった。「大正十一年に欧米をかけめぐって帰ってから育英商業学校長に就任、教育事業に乗り出した外には、無為に暮らしていた。……それが大正十四年極月に至って、妻の死という人生の最大不幸に遭遇して、私の心持は二進《にっち》も三進《さっち》も算盤《そろばん》がはじけなくなった。妻の形見の三児を抱いて私は途方にくれた。そのやるせない、しかも私の気性として多分に捨て鉢な、あの気持ちが、美術の世界にハケ口を求めたという事は今にして思えば実に重大なる意義があった」（自筆備忘録）

池長は自著『南蛮堂要録』でも「もしも私が妻にも死なれず、兵庫の旧家の主人公として、幸福な家庭におさまっていたならばこんな蒐集は出来なかったであろう」と回想している。

正枝の初盆が終わった頃、建設中だった図書室を備えた剣道の教練所「蒼松館《そうしょうかん》」が完成した。この教練所は陸軍大臣だった田中義一の意向で帝国在郷軍人会へ「子どもの頃から、軍人としての心得と体づくりを教育せよ」との通達があり、軍人会の会員で育英高校長であった池長が自らの土地とお金を提供して建設したものだった。池長は自ら、毎日のように竹刀をふるって後進を指導した。友人の小穴忠実は剣道に打ち込む池長の姿を見て、「池長の心の痛手は尋常でなかった」と語っている。

◈教育環境の充実に努めて校長を引退

池長は生徒の教育環境充実のために努力を怠らなかった。

一九三〇（昭和五）年には、板宿・五位池の高台の土地を地元の旧家、武井家から購入し、それまで新開地ちかくの東山町にあった校舎を淡路島が見晴らせる西代の高台に移転させるなど、自らの資産を投入して学習環境の充実もはかった。育英の同窓で教員も務めた廣重森一郎は「新校舎の移転は生徒の気分を一新し、運動各部の部活動も盛んになった」と回想している。

二十年間校長を務めた後、池長は一九四二（昭和十七）年六月、校長職を武井家に譲って引退した。卒業生に「熱血」「一万円を百万円に価値づけるは偉人である」などとメッセージを送っている。

池長の引退は戦争が激しくなり、軍事教練も頻繁に行われるようになったのが、そのひとつの動機であったという。

育英の卒業生たちは当時、日本を代表する洋画家、小磯良平（昭和期に活躍した洋画家）に池長の肖像画を依頼して、その恩にむくいた。池長も自画像が完成するまでの経過を日記に綴っている。

（五月）二日　宅の日本間で小磯画伯油絵に着手。常用の机の前に和風姿で座し『邦彩蛮華大宝鑑』を卓上に置き、南蛮屏風を背景にひきまわし、得意然たる形でモデルになる。

七日　大略出来あがった。近来配給不なく栄養不良で痩《や》せて顔に皺が多く、どうなる事かと心配していたが、若々しく出来て結構だった。

八日　朝、小磯君来、小磯君から以前に譲ってもらった奥村政信の芝居の浮絵の箱書をしてもらう。肖像油絵仕上げのため、小磯君持ち帰る。

十七日　朝小磯画伯、自分の肖像油絵の出来上ったのを持参。芹沢製の仮額縁にはめて床の間にかけて眺める。昭和時代の名画として後世に遺《のこ》るべきものであろう」（池長孟『昭和十九年美術館日記』）

池長は自分の肖像画について、若々しく描かれた姿に満足していた様で絵の完成後、大阪の額縁の名工、工臣長之助《くとおみちょうのすけ》を訪ね、特別の額縁を注文している。池長の好きなデザインセンスの工芸品のような額縁に小磯が描いた池長の肖像画が神戸市立博物館に掲げられている。

育英の元教員、広重森一郎が校長としての池長の思い出を語る。

「先生は確かに型破りな校長でありました。たとえば式日の訓辞の如《ごと》きもたいてい三分とかかりません。『今日はめでたい天長節である。陛下の万歳を三唱する。バンザーイ』。それで終わりと言った具合である。生徒は無性に喜びます。そうかと思うと時にはとうとうとご自分の抱負を語り、または口を極めて俗流を罵倒されることもあります。しかし、教育方針は一貫してあくまで合理主義であり、進取的でありました。特に当時の学校、別して実業学校に欠けていたと思われる一般教養には非常に力を入れ、いろいろな新しい試みを敢行されました。初めの一、二年自分で引き受けられた上級生の修身、西洋史の授業では多くの文学、美術などの話しをしてその方面に生徒を啓発しておられました。修身の時間にはよく洋楽レコードを聞かせて居《お》られました。時には講堂に集めて行われました。

先生自ら蓄音器のハンドルを回して数々の名曲をかけながら解説されるお姿は今も忘れません。教育の場としては、環境と言い設備と言い、最悪の条件にあった新開地近くの校舎を今の淡路島を美晴るかす西代の高台に移してもらったのが昭和五年だったと思います。新校舎移転後の生徒の気分は一新しました。

運動各部でも盛んに活躍するようになりました。先生の音楽教育はやがて校友会事業（今のクラブ活動）となり電蓄、

神戸市立博物館に掲げられている池長の自画像

スピーカーを備えて定期のレコードコンサートを催すようになりました。昼休みの運動場にはスピーカーを通じて美しいメロディーが流れ、あちこちの木陰に腰をおろして静かに聞き入る生徒の姿も見られるようになりました。算盤と簿記に明け暮れる商業学校で行われたというのは一に先生の如き型破りの校長のお陰であったと今でも誇らしく思い出されます」

新聞記者で池長と親交があった十河巌は池長が校長に就任した当時の思い出を語る。

「軍人上がりの庄野一英さんという昔の育英義塾の校長が亡くなった。そのあとがまに座りこんだのが池長さんである。京大の法学部を経て、さらに文学部を出た学士さんで剣道が強くて〝荒っ削り〟なのが大好きな新人。しかも素封家の跡取りが校長になったのだから、学校建設のためにふんだんに資金をつぎこんで、当時のおんぼろ学校が一躍にして立派なものになるだろうなどと少なからず期待がもたれていた。

しかし池長さんは期待とは反対に学校にはあまり出て来ないで、専ら南蛮美術の蒐集にこりだした。このひとはもとよりしゃちこばって校長になるなどの人柄ではなかった。禁断の秘密ダンスホールで踊っているうちにお巡りに踏み込まれて不良紳士淑女と一緒に一網打尽、警察署に連行されたというニュースはずい分世間を驚かせた。いまから思うと何でもないことだが。

これほどまでに池長さんは自由人だった。私はこのとらわれない自由さが好きだった。なまじ校長業になどを受け入れなかったほうが、このひとにとっては幸いなことだっただろう」

◈美術品蒐集へのめざめと実家からの脱出

池長は妻の死後、四十九日が済むのを待ちかねたようにして上海に飛んで行った。そして神戸一中時代の友人宇高寧の案内で城内の骨董品店をほっつきまわったりした。その時、玉をはめた富貴長命の木製屏風を購入した。また、同じ一九二六（大正十五）年の年末にも、今度は恋人の（淀川）富子を連れて再度、上海行きを実現した。途中長崎の佐藤骨董店に立ち寄って油絵が描かれた箱や小さな十字架基督《キリスト》を買い、上海では小川美術店で青貝の寿字屏風を買った。上海滞在中に大正が昭和となり、池長にとって両度の上海行きが、骨董あさりの芽生えであった。

池長はその当時を回顧している。

「何かもさくさ（※ためらうさま）した雲をつかむような気持で骨董屋の店頭に立って、ろくでもない品物を何ということなしに買った時代は、極めて短く、点数にしてもほんの僅かだった。我楽多《がらくた》物をあまりふりむかないで、美術品に心がむけられ、それも新しいものよりは、古いものを求めるようになり、遂には統一的蒐集のコースを取ったということは、まことに果報である」

そして旧家についても「陰気くさい住宅」と不満をもっていたようだ。

「ここで一寸《ちょっと》付け加えておきたいのは、わたしの蒐集にもう一つ重大な動機となっているのは、紅塵荘《こうじんそう》の建築である。私の家は兵庫門口町にある旧家である。父が京の庭師に造らせた庭は古色蒼然たるものがある。私は趣味に於《おい》て日本建築を愛する。併《しか》し実用上忍ぶべからざる不便な点が極めて多い。殊《こと》に外国から帰って痛切にこれを感じていた。そこで兵庫の宅の二階に西洋間をつくって多少はこの気持ちを柔らげたが未だ甚だ不徹底であった。併《しか》し妻の在世中は兵庫の家を離れることが出来なかった。それが今や妻は亡《な》し、私の心は陰気くさい住宅に決別するに急なるものがあった。時恰《あた》かも上田天昭君と知りあいになった。というのは、大阪の三越かで上田君が絵の展観をしていた時、私は二階の洋室にかけたいため、油谷達氏の『室内』を求めた。天昭君は直《ただ》ちに兵庫の家に乗り込んで来た。それはまだ妻の生存中だったが、妻の死後も天昭君は度々《たびたび》兵庫を訪れた。上田天昭君は中々の才物で、私が油谷氏の絵を買った時、「こんな絵は普通素人《しろうと》の人にはわかりにくいのだが、それを認めてもらったことはうれしいです」と言っていた。その時分は南海線の龍神の側に洋館をたてて住《すま》って、庭には裸体像なんかをたてていた。……上田君は又大阪の八幡筋を一寸《ちょっと》南にはいった太左エ門橋の通りに、洋画陳列場を兼ねたような喫茶店を出して、綺麗な細君が出張していた。私は上田君から藤島武二氏の女官図〈官女と宝船〉、満谷国四郎氏の裸体画、牧野虎雄氏のけし、高間惣七氏の温室（帝展の問題作）、熊岡義彦氏の少女像などを買わされた。

ここに上田天昭を引きあいに出したのは、私が住宅建築の意図を漏《も》らすや、設計家たる住友会社の技師小川安一郎氏を紹介してくれたのである。そこで私は小川氏に依頼して野崎通四丁目に紅塵荘をたてたのである。尚天昭君から油絵を買ったり、上海で屏風を買ったり、奈良の玉井で多聞天持国天を買ったり、生田前の西でギリシヤの壺や唐三彩を買ったり、東京のフタバでモデルシップを買ったりしたのも皆、紅塵荘装飾のためである」（自筆備忘録）

池長は「自筆備忘録」で神戸の画商・上田から買わされたと表現しているが、藤島武二の女官図《官女と宝船》（一九二〇）は運命的な出会いだった。この絵は美しい婦人が手に船の模型を持っている座像であったが、池長が「よう、似ているわ」と我を忘れて絵の前に立ち尽くすほど、一年前に亡くなった妻正枝に似ていた。藤島はその当時、明治期の洋画界の重鎮だった。絵の中の正枝はゆったりとした着物姿でくつろぎ至福に酔っている表情に見えた。

養母のしまも「ほんまや、正枝に似とうねんなあ」と池長に優しく声をかけた。

池長はこの絵を愛蔵し、紅塵荘の二階応接室の暖炉の上にこの絵を掲げていた。

◈美術品を展示する「紅塵荘」

神戸の阪急「三宮駅」から大阪方面に向かって一駅目「春日野道」駅の山側へ十分ほど歩くと、昭和初期に流行したスパニッシュ風のひと際目立つ病院に遭遇する。

一九二七（昭和二）年に小山安一郎が設計した建物で地上三階建地下1階建、延床面積七百平方メートル。その病院のもとは池長孟の邸宅「紅塵荘」で、彼がその贅《ぜい》を尽くして「観る」ことを目的に造った豪華絢爛《けんらん》な邸宅だった。一九二八（昭和三）年十二月、池長は邸宅から眼下に連なる神戸港を見下ろし、神戸製鋼所など工場の煙突から吹き出す「紅塵《こうじん》」を見て「紅塵荘」と命名した。

紅塵荘は窓の面格子や手すりはアイアンワークのデザインが施され、窓にはステンドグラスが嵌《はま》る凝った造りで当時の価格で十六万円。大卒の初任給が五十円前後の時代で、個人の邸宅としては破格の建築費で、池長のこの邸宅にかける情熱が偲ばれた。解体前の玄関には「紅塵荘」の銘板が掲げられていた。

解体される前の「春日野会病院」と
紅塵荘の銘板

玄関へ続く石の階段と小噴水のアプローチは石造のレリーフで美しく飾られ、その彫刻自体が芸術品となっていた。内部は東南にめぐらしたベランダと書斎、二つの洋室にダイニングとキッチン、吹き抜けのホールに離れ風の二室の日本間などからなる一階、オーケストラボックスまで備えて舞踏会の場にあてられた二、三階のホールはそれぞれ、アールヌーボーや英国風、インド、中国風の凝《こ》った内装がエキゾチックな雰囲気をかもしだしていた。特注のステンドグラスや装飾金具、室内の階段や手すりの彫刻、壁面のタペストリーにいたるまで、すべてに池長の南蛮趣味が貫かれていた。

　池長は一九二七（昭和二）年の暮れ、道楽を尽くしたこの芸術的なスパニッシュ・ミッションと呼ばれる中世スペインの様式の西洋館を完成させて家族と移り住み、私財を投じて蒐集した一流の美術品約七千点を収蔵した。

「紅塵荘」は戦後、資金難に陥った池長が一九四六（昭和二十一）年に劉外科病院に売却。二〇〇四（平成十六）年からは、医療法人「春日野会病院」として使われていたが老朽化が進み二〇一五（平成二十七）年に解体され九十年の歴史に幕を閉じた。

◈蒐集のはじまりから長崎絵展覧会まで

池長は紅塵荘を建てると、飾るのは現代の油絵では似合わないと思った。殊に裸体画や、馬鹿に図体《ずうたい》の大きな絵ではまったく調和しなかった。そこで池長はしだいに長崎版画式の絵画に魅了されることになった。

一つの出来事は更に次の出来事に連鎖を持つ。池長が贅《ぜい》を尽くして「観る」ことを目的に造った豪華絢爛な邸宅「紅塵荘」を設計した小川安一郎は当時、大阪で濱地病院という耳鼻科の医院を設計した。池長の長男、澄《きよし》が扁桃腺《へんとうせん》が腫《は》れたため、池長は夏休みを利用して濱地病院に入院させた。付き添って泊まり、夕食後散歩に出て、病院の近所で見つけたのが「べにや美術品店」であった。池長は陳列窓に肉筆の蘭船唐船などが出ていたので、飛び込もうとしたが戸がしまっていたため、翌朝又出かけた。

「頭のはげた、坊主みたいな背の高いそのくせ若い親爺《おやじ》が隣の饅頭屋《まんじゅうや》からのっそり出て来た。ここで見せられたのが、バッテイラ渡海図と露西亜《ロシア》船図であった。長崎絵なるものが私の目に触れた始めである。併《しか》し当時私はまだ長崎版なるものを知らず、これが長崎版であることも知らなかった。又親爺もそんなことを説明もしなかった。値段を聞くと二十五円に三十五円だという。

糞高《くそたか》い無茶なことをいう奴だと思った。そう思いながらも買い取ったのはどういうわけであったか。……これが昭和二年八月十一日の出来事であった。……これが抑々《そもそも》南蛮紅毛趣味の病菌に感染した最初であった。因《ちな》みにこのべにやの親爺は濱和助とかいう名で、隣の饅頭屋は福島屋とかいう金持で濱の親戚だったのだそうな」（自筆備忘録）

池長はそれから間もなく同じ年の九月頃に勤務演習に召集されたが、師団の管轄が変更され、姫路管下から大阪の師団司令部に通っていた。

南蛮美術に魅了されていた池長は、何か珍品はないかと鵜《う》の目鷹《たか》の目で古本屋をあさるようになっていた。支援していた牧野富太郎の植物関係で大阪の鹿田静七《しかた》から本草書を買ったことから、それ以来目録を届けてもらっていた。池長は師団司令部からの帰りに御堂筋前の鹿田の店に寄ってみた。

そこで異国関係書籍を出させて買い取ったのが、『世界人種風俗大観』や『横浜はなし』『長崎土産』などであった。しかし、鹿田は主に漢籍の、所謂《いわゆる》硬派の本を扱う店だったため、池長の心を満足させるには至らなかった。

池長はその後、大阪・道頓堀の方へ出るつもりで八幡筋を歩いていたら、偶然杉本梁江堂《りょうこうどう》の陳列窓に横浜絵を見つけた。池長は直《ただ》ちに飛び込んで紅毛関係の絵を出させた。主人も夫人も店にいたが、池長の軍服姿に奇異の眼をみはっていた。ここで池長は初めて《三国通覧図説》や《長崎見聞録》を買った。

しかし、店にはあまり取り揃えてなく、「早速《さっそく》整えておきます」と言われ、池長はその日は帰った。翌日に又出かけて、貞秀の《横浜売物図会》、そのほか、芳虎や広重の横浜浮世絵を多数見せられた。

池長はこの時同時に長崎版の《蘭船図》、《蘭人饗宴図》を購入した。この店で初めて、「べにや」で買ったような長崎版が多数存在する事を知った。そこで池長は横浜浮世絵よりもむしろ長崎版画を要求して帰った。四回目に行った時には、多数の長崎版を出してもらった。

「これも今にして思えば東京の清水源泉堂あたりから大至急に取り寄せたものであろう。私の蒐集慾は勃然《ぼっぜん》とここにそのハケ口を見い出し、且《か》つ統一されて、主として長崎絵に熱中する事になったのである。九月の十一日までほんの僅《わず》かの間に千六〜七百円の買物をしたのだから、杉本にしてみれば、これは奇妙な兵隊さんだと思ったのも無理はなかろう。実に昭和二年の勤務演習は師団司令部に通ったというよりも、古本屋杉本に通ったのである。これから矢継《やつ》ぎ早《ばや》に梁江堂から長崎版画を買いとった。又数の少ない長崎絵が不思議に次々と、種類の違ったのがあらわれたものである。それに付随して無論横浜絵なども買った」(自筆備忘録)

長崎絵を第一歩に池長の蒐集は始まった。それから四年を経過した一九三一(昭和六)年、池長は神戸大丸で長崎版画の展覧会を開催している。池長は画商の三隅貞吉から京都帝国大学の黒田源次を紹介され、さらに黒田の仲介で同じ京大の新村出《しんむらいずる》（広辞苑の監修者）から長崎絵の「絶品」針屋版三枚を譲ってもらった。池長は後の回想で「これは昭和六年十一月の事でお蔭でここに長崎絵の蒐集に最大の花を飾って大体の完成を見たのである」と述べ、この年をもって長崎絵の蒐集を終えた。池長が次のターゲットとして向かったのは南蛮屏風や長崎系の肉筆画だった。池長を核とした蒐集のネットワークが動き出した。

◈蒐集の協力者たち

池長の蒐集の協力者は長崎絵は主として杉本、黄檗《おうばく》画と浮絵は画商の高見澤、銅板画は西村が集めていた。そして屏風や肉筆画などの大物は金子孚水《ふすい》と高見澤の一組、清水源泉堂と三隅の別組とが納めてくれた。

池長は言う。

「針屋版を譲渡下さった新村出先生、蒐集品を分与され、種々力添えを賜わった黒田源次先生、南蛮蔵品を全部譲られた永見徳太郎君（近代日本の劇作家、美術研究家）には深甚の謝意を表さなければならない。ロナルド・コールマン（イギリスの俳優）のような顔をした高見澤君、ズングリした身体には画策と度胸が一ぱいつまっている金子孚水君、ただとりとめもなくニタニタ笑っている清水漠然居士、私が竹林軒珍斎の号を付与した三隅貞吉君、背が高くっていつも持病で腰をまげている西村貞君、天理教の服装をさせたらよく似合う杉本の主人公、口が十丁以上の杉本夫人、これらは皆私の蒐蔵に関して忘るべからざる俤《おもかげ》である」（南蛮堂要録）

池長が言うように長崎桜町針屋《はりや》という版元の《阿蘭陀人之図《あらんだじんのず》》《唐船之図《とうせんのず》》《唐人之図》の三図は珍中の珍で、古くて残っている作品は少ない。元は大槻玄沢という江戸時代を代表する蘭学者のコレクションだった言われている。その後、「広辞苑」の編集で有名な新村出に所蔵され、池長に譲られた。

画商の三隅貞吉は池長との出会いを「池長さんとの三十年」としてこう紹介している。

「立派な洋服に鳥打帽の紳士が颯爽《さっそう》と店頭に現れたが、いきなり『これァいくらだ』と手に持ったステッキを私の頭越しにふり上げて硝子絵を指すのであった。

『それァ売りません。芸術を冒瀆《ぼうとく》する奴にゃ売らぬ代物じゃ』

私はナンとなくその態度に腹を立てていたのである。

『何が芸術の冒瀆だ』

『馬の糞、犬の糞、何を突いたかわからぬステッキで、私の魂を込めている品を指されては売れないのだ』

『売らぬものなら店へ出すな、莫迦《ばか》野郎！』

とばかり喧嘩別れとなった。……後で判ったことであったが、この紳士こそ池長孟氏その人であった」

◈「蒐集は、一つの創作であります」

池長は内容の充実したものを形式を整えて蒐集するという明確な方針のもとに「蒐集は、一つの創作であります」という信念を掲げ、「日本で製作された異国趣味美術品」の集大成を目指した。池長が目指す蒐集体系そのものが学問的な体系になっていた。

骨董店にあった保存状態のよい版画類をすべて買い求めた。もともと芸術好きの池長は南蛮美術にすっかり夢中になった。コレクションのやり方はまったくワンマンでいつも時価より高く買った。商人が珍品を持ち込むと、池長は「よっしゃ、えらいぞ！」と料亭に車を飛ばし、画商と祝杯をあげた。

「池長の去った後は、ぺんぺん草さえも生えない」と揶揄《やゆ》されるほど、根こそぎ良いものを買い取った。そして大阪の浮世絵商にも出没し、めぼしい長崎版画はすべて買い占めた。

画商の世界ではよくあることだが、池長も騙されたことがある。盗まれた長崎天主堂のステンドグラスを悪質業者から買わされたこともあった。

池長は一九三二（昭和七）年に、奈良県の旧家から発見された《南蛮屏風《なんばんびょうぶ》桃山時代》を入手した。

南蛮屏風（江戸時代　十七世紀前期）は紙本金地著色（各一四九×三五三・三センチ、六曲一双）。右隻には日本の港へ入港する南蛮船、貿易品の荷揚げ、左隻には南蛮船の姿はなく異国での儀式と調馬が描かれている。この構図はサントリー美術館が所蔵する伝狩野山楽筆の作品をはじめとする、いわゆる第三類の南蛮屏風に共通のもの。

この絵図は談山神社旧蔵と伝えられ、装飾的な樹木の表現などが長谷川派に近く、流派を超えた粉本の利用が想定される。左隻左端に描かれた門の二階には球体を持った女性がいる。この球体はキリスト教の聖体で、それが南蛮船によって日本へ運ばれる際の儀式が描かれているとの指摘がある。また、欄干のある細長い道を馬が駆け抜け、人々がそれを眺めるさまは、埒《らち》の間を二頭の馬が競い駆け抜ける《賀茂競馬図屏風》を想起させ、興味深い。一方、右隻で宣教師たちが出てくる楼閣建築は南蛮寺を表している。だが、儀式の様子が描かれた内膳本などとは異なり、窓や扉がすべて閉じられているため、中の様子を見ることはできない。これはキリシタン禁令に対応し、南蛮屏風を生きながらえさせるための画面変更といえる。

時代に即応した南蛮屏風の画面変更はその後も認められる。いわゆる鎖国下となった十七世紀半ばにはキリスト教のモチーフや異国人への好奇のまなざしがほとんど薄れ、日本の港町での活発な交易を主眼とした《南蛮人交易図屏風》が狩野探幽（一六〇二〜一六七四）の周辺で創出されることとなる。

池長はその後も南蛮美術の蒐集の先駆者、永見徳太郎（号　夏汀　一八九一－一九五一）から永見コレクションの多くを譲渡され国内随一の洋風美術コレクターとしてその世界で名を馳せることになる。

一九三五（昭和十）年ごろには、現在残っている池長美術コレクションのほぼ九割を蒐集していた。最初から主題を決めて系統立てて蒐集したことは池長の際立った功績といえる。

池長自身もこう豪語している。

「美術の蒐集にかけて私は神がかりである。天才である。私ほどの人間はそんなに得られるものではない。一品と雖《いえども》入手しがたい大珍品を系統立てて集めつくした。奇蹟の実現である」（『金曜』誌所載、「自画像」）

だがこの間、池長家の持っていた土地と建物は、その蒐集の資金として売られ大半がなくなっていた。

なぜこんなものを集める気になったのか——池長はよく聞かれた。面倒くさがり屋の彼は箇条書きにこう答えた。

①藝術好き。

②能力ある者は能力を、金あるものは金を、最大限に用いて世の中に役立ちたい。
③欧米で美術館の素晴らしさに驚いたが、神戸にいい美術館がなかった。
④妻に死なれた。さびしさをまぎらわすため。
⑤装飾品が欲しかった。

第5章

芸術と文化と愛

◈映画評論家、淀川長治の姉とのラブロマンス

紅塵荘が建てられた一九二六（昭和元年）年は池長が南蛮・紅毛美術に着眼しはじめた時期で、住居だけではなく美術品を展示するためのサロンとしても使われていた。

神戸の山の手に蒐集の舞台ともいうべきスパニッシュ・ミッション様式の華麗な「紅塵荘」を構築したのも、そのような歴史が伝えてきた異文化の誘惑に導かれた結果だった。戦時に向かう不安を覚える世相に背を向けるように、作家の谷崎潤一郎や宇野千代（小説家、随筆家）、画家の小磯良平や詩人の竹中郁といった著名な文化人をはじめ、地元神戸の名士を集めて開かれたこの館の華やかな舞踏会は、その池長の「南蛮道楽」のもうひとつの表現でもあった。

一九二七（昭和二）年に日本の宮家、伏見宮博以王《ふしみのみやひろやすおう》（皇族・海軍軍人）夫妻を招いた新築披露の招宴が盛大に開かれ、「紅塵荘」は関西の社交の舞台として知られることになる。

この紅塵荘にはラブロマンスが伝えられている。一九二五（大正十四）年十二月、池長は最愛の妻、正枝を亡くしていた。喪に服す期間が過ぎてから池長は、映画評論家として一世を風靡《ふうび》した淀川長治（映画解説者・映画評論家　一九〇九－一九九八）の長姉、富子と同居している。三人の子を抱えて兵庫の実家を仕切る母親のしまのもとで、池長はやもめ暮らしを続けていたが、淀川富

子という女性と出会うことでこの館の建築が具体化した。

富子は池長との同居の条件に「新居はスペイン風の三階建て。ダンスもできるホールを設計した邸宅」を挙げた。映画監督から「女優にスカウトされるほどの美人」だった富子に、池長は建築に莫大な費用がかかろうが、お構いなしで富子の希望を適えた。

紅塵荘の落成式当日の記念写真にはモーニング姿の池長と流行の耳隠しの髪形で品の良い着物姿の富子、それに澄と澪が椅子に腰を下ろしている。一番、下の廣は富子の膝の上に抱かれておとなしくカメラを見つめている。三人の子どもはみな富子になついていた。しかし、カメラに向かって大きく見開いた富子の瞳はなぜか哀愁を帯びて映っている。

池長は富子との関係を親戚にも披露せず、入籍もしていなかった。伏見宮夫妻を招いた招宴の席には富子の姿は見られなかった。

長治は一九〇九（明治四十二）年四月、神戸で三本の指に入る老舗の芸者置屋「淀検」の跡取りとして生まれている。四歳の時に神戸の繁華街・新開地で活動写真と出会い、その虜《とりこ》になっていくが、神戸で起こった米騒動、関東大震災などの余波を受け、実家は破産した。さらに二人の姉は家出、弟は自殺し、長治は立て続けに不幸に見舞われている。

富子は、まだ二十歳を少し過ぎたばかりの芸者あがりの娘であったが、モダンな喫茶店「オリオン」を地元で経営していた。

弟の長治は当初「女が一人で喫茶店なんかやれるものか」と反対したが、富子の決意は固く、「思い切りハイカラな喫茶店をやりたい」という姉の希望を受け入れて、長治が「オリオン」という店名を提案した。

富子が「ハイカラな喫茶店」と言うように、モダンな雰囲気を出すよう天井いっぱいに星形をくりぬき、すりガラスをはめた照明にした。商品も紅茶はリプトン、ココアはヴァン・ホーテン、ケーキは神戸・三の宮の鯉川筋の特別製のショートケーキというように最上級の商品を提供した。オリオンは「若くて美人な女主人が経営する店」として評判になり、大いに繁盛した。池長も毎夜、オリオンに姿を見せる常連客だった。

長治が「この姉は男ならヤクザになっていたかもと思うほど気の強いところがあった」と述べているように、富子の度胸のよさを示す事件が起こった。開店後の間もない時期にヤクザから「こら、〝あら〟出さんか」（〝あら〟とは「金」のこと）とショバ代（場所代）を恐喝されたが、「うちは魚屋と違いまっせ」と富子が追っ払ったというエピソードが残っている。

富子は「オリオン」を経営するかたわら、神戸の社交界ではいつも話題になるような女性だった。「あの人と一緒になろうかしら」と池長との結婚を決断するのに時間はかからなかった。派手好みで奇矯《ききょう》な性格は、池長の期待に応えるには必ずしも相応しくなかったのかもしれない。それでも池長は富子を後添えに選び、道楽を尽くして完成させた「紅塵荘」の女主人として迎えた。

◈「お富さん」との同居生活は破綻

富子は元々派手な性格で贅沢《ぜい》が身についていた。高級外車二台を乗り回し、夜の九時に店を閉めると、神戸・花隈や阪神間にあったダンスホールに踊りに出かけた。ジャズとチャールストンとパーティがなによりの楽しみで、社交界では「エヴァンタイユのお富さん」と名を馳《は》せる。ハイカラな縞柄の洋服姿の池長と派手好きの富子が並ぶと時代の先端をいく雰囲気でよく目立った。池長は富子の要望通りに洋館「紅塵荘」の三階にダンス・ホールをつくり、谷崎潤一郎や女優の水谷八重子らも通っていた。しかし、ローランサンとゴルフ、ダンスの好きな富子と南蛮絵画の蒐集に没頭する池長との同居生活は長くは続かなかった。その束の間の華やぎも、奔放な富子の振る舞いによってほどなくして破られた。

長治は自伝でこう回顧している。

「新宅に三年もかけ、この豪邸の出来上がりとほとんど同時に姉のいっぽう的な喧嘩《けんか》別れというあわただしい勝手きままの別れがやってきた。三人の子供は姉になつき、姉のいうがままの豪邸であったのに、姉はこの屋敷がいんきで暗いと怒り自殺未遂事件までおっぱじめ、池長氏にさんざんめいわくをかけて二人は別れたのである」(『淀川長治自伝』)

「姉はローランサン、池長氏は南蛮美術と、趣味がことごとくちがい、姉はパーティ好き、池長氏は教育家でスポーツもゴルフより剣道、姉はゴルフと車。車は二台持っていた。けっきょく別れたが池長氏はこれはひとときの妻の気まぐれ、再び戻るときめて巨額のいまなら何十億というべらぼうな別れ金を姉に与え、姉はこれで商売をしようと外国美術品店を思いつく」（同）

長治自身が日本経済新聞に連載した「私の履歴書」（一九九七年一二月一七日）で長姉・富子の人柄とエピソードを紹介している。

淀川は一九二七（昭和二）年に上京し、かねてから投稿していた雑誌「映画世界」の編集者として採用され活躍していた。しかし、一九二九（昭和四）年に神戸の実家へ呼び戻され、長姉が新たに生田筋に開いた輸入西洋美術品店「ラール・エヴ

オリエンタルホテルで淀川富子とダンスを踊る池長（中央奥から前をみつめる２人）。当時の言葉でいう典型的なモボ·モガ（最新流行のモダンボーイとモダンガール）

ァンタイユ」で勤務することになった。

「エヴァンタイユ」の名前の由来は、神戸の港がその形から「扇港」と呼ばれていたことからフランス語にしたという。

その店名を勧めたのは、画家の小磯良平や詩人の竹中郁だった。「エヴァンタイユ」は長治自身が「姉はありあまる金をすべて商店と商品に入れあげた」と言うように世界の美術品やペルシアのカーペット、フランスのイヴニング・ドレスを輸入し、「大胆不敵な商品買い入れの断行」「エヴァンタイユのお富さん」と名を馳せ、神戸の名物店として繁盛していた。店には関東大震災のあと、東京から芦屋に転居していた作家の谷崎潤一郎もよく顔をみせていた。

富子が女優にスカウトされるエピソードも生まれた。日活の村田実監督が映画「この太陽」（一九三〇）のワンシーンをエヴァンタイユでロケした際に、富子は村田監督からしきりに女優になることを勧められたが、本人は「こわい、こわい」と笑って断ったという。

「紅塵荘」という「南蛮の館」の女主人として、富子が振る舞う時間は短かった。池長の子どもと老舗の跡取りの家庭を引き受けるには、富子はあまりにも若すぎた。それに加えて、奔放で埒《らち》のない行動的な性格が「南蛮道楽」一筋に歩む池長との行き違うことは予想されたことであった。

それでも池長は離別した後も、富子の「ラール・エヴァンタイユ」への支援を惜しまなかった。

◈ユニークな戯曲作品を発表

池長は富子と別れた痛手を戯曲集の執筆にあてている。一九二九（昭和四）年に最初の戯曲集『荒っ削りの魂』を発表しているが、その作品には「別れた富子が再び池長のもとに戻ってくると信じていた」と思われる一幕物の法廷劇「賢明な人々」が収められている。

池長は劇中の主人公の口を借りて「私にとって一番いけないのはあまりにも艶子（ヒロインの女優）を可愛がりすぎる事なんです。それで、艶子が増長して、あんなにわがままなことをするんです。艶子も一度、私から離れてもっと社会のどん底にふれて、本当の苦しみをなめて来たら、初めて私の深い愛というふやうなものが分かってくれるだろうと思います」と、切々と訴えている。

しかし、現実の富子はそのようにはいかなかった。

池長は自身を芸術至上主義と自認し、公私共に激変する中で池水《いけみず》瑠璃之助《るりのすけ》のペンネームで戯曲、詩集など数々の著作を発表している。詩集の一節。

「つばぎし糸の切れければ　南京玉は散りにけり」

「心のつなのきれぬれば　秋は淋しきものぞかし」

戯曲を書く動機について池長は「実演されなくても〝読む戯曲〟として、小説と同等な読者を得られる筈だ。もし実演でもされることになれば、書物を読まない人の中に、更に多くの観客を得ることとなる。それに戯曲の形式が詩的で、小説よりも簡明に、魂に食い込んでゆく事が出来る。そうかと言って純粋な詩は、何と言っていいか、あまりに人間ばなれしているような気がする」と戯曲集『荒っ削りの魂』で綴っている。

そして池長は翌年以降、『教会とカフェ』『戯曲　開国秘譚《ひたん》』（一九三〇年刊行）、『狂ひ咲き』など数多くの戯曲を書いた。戯曲集『荒っ削りの魂』の出版から八年後の戯曲「空中楼閣《ろうかく》」と題した一〇〇年後の未来の神戸を描いたＳＦ作品はユニークで面白い。

その内容は空中で暮らす未来人の夫婦が、一九九五年に神戸で起こった阪神大震災を彷彿《ほうふつ》させる大地震に遭遇。また「空中を飛ぶエアカー（作中ではAERO CAR エロカー）」で愛人に会いに行ったり、「何々アル」と話す火星人や一五〇階建ての高層建築も登場する。そして、被災地を救う未来型空想空間を描くなど内容は破天荒だが人間・池長を感じさせる茶目っ気たっぷりな戯曲となっている。

◈谷崎潤一郎との出会い

池長は南蛮美術の蒐集に奔走する一方でロンドン仕立ての服装に身を包み、バーに入り浸り、ダンスが好きな軟派だった。剣の達人でもあり一八〇センチの長身にもかかわらず体は敏捷《びんしょう》だった。現在残る池長の写真を見ても、とてもオシャレでいわば港町・神戸的なハイカラ人だった。池長と文豪、谷崎潤一郎（一八八六―一九六五）の出会いは昭和四、五年ごろ、池長がよく通っていた神戸・上筒井にあったバー「アカデミー」だった。そのバーには小磯良平や竹中郁も通っていた。池長は谷崎より五歳年下だった。

谷崎は一九二三（大正十二）年九月一日に起こった関東大震災の被災地・東京から逃れ、妻の松子と関西へ移住した。生まれ故郷の東京とは異なる気候、ことば、そして女性たちとの新たな出会いが、旺盛な執筆を誘い、谷崎から数々の傑作を生み出した。この期間、谷崎は「春琴抄」「痴人の愛」「卍」「蓼喰《たでく》う虫」などの代表作となる佳品を世に送り出している。

なかでも戦時中、取り組んだ長編小説「細雪」では神戸など阪神間の町並みも描かれている。池長の居宅「紅塵荘」は後に劉外科病院（その後は医療法人春日野会病院）に売却されたが「細雪」ではこう紹介されている。

「……鈴木病院と云うのは上筒井六丁目の、昔の阪急の終点附近にあったが、漸《よう》くそこへ病人を担ぎ出す段取りが付いたのは、暗くなりかかった頃であった。その時も磯貝院長の仕方は不親切を極め、話がそうと決定してからはいかにも厄介払いをしたと云う態度で、自分は一切姿を現わさず、挨拶《あいさつ》にも出て来ないので、病人を運搬するについての世話は、総べて鈴木病院から出張した医師や看護婦が担当した。……」

小説に書かれているとおり、昭和初期の頃の阪急神戸線の終点は上筒井駅二丁目で、六丁目の鈴木病院は少し西に歩いたところにあった。上筒井六丁目には戦前から劉外科病院があり、この病院がモデルになっていた。

池長は自身も戯曲を創作するなど芸術・文学を愛した。

『南蛮堂要録』の中で「私は生まれつき、芸術方面の事が大好きで、文学にしろ音楽にしろ建築にしろ演劇にしろ何でもかんでも好きである。美に対するあこがれが非常に強いのである。私が戯曲をつくって『荒っ削りの魂』や『開国秘譚《ひたん》』『狂ひ咲き』などの戯曲集を著したのも、『紅塵秘抄』という今様集《いまようしゅう》をつくったのも、『邦彩蛮華大宝鑑』なる家蔵美術品の図録の解説を興味本位に書き上げたのも、野崎通に風変りな紅塵荘を建てたのも、皆私の芸術愛好熱のあらわれである」（自筆備忘録）

若き池長は元々、文学者としての道を歩みたいと希望していた。京都帝国大学も法科を卒業したあと、後に文科でも学んでいる。

友人たちが処女作『紅塵秘抄』に寄せた序文の中で「珍物として吾々から敬せられている氏は、これから社会の珍物として活動せんとする第一歩を此《こ》の書物によって踏み出さんとしているのである」と述べたように、のちに建築や美術品蒐集の方面で存分に発揮される「池長流」の原点が、ここにある。

池長は神戸の岡本に住んでいた谷崎との交遊も始まる。一九三一（昭和六）年五月、池長は谷崎から中国寝台《ベッド》を三五〇円で購入し、一九三三（昭和八）年には谷崎に『邦彩蛮華大宝鑑』を贈呈している。谷崎は一九四〇（昭和十五）年の池長美術館の開館式典に姿を見せ、小磯良平らと記念写真に収まっている。

『紅塵秘抄』には茶目っ気たっぷりの池長の短歌が収められている。

「今日無事　乙姫さまが欠伸して　鯛もひらめも欠伸して　蛸も鯨も欠伸して　海一めんの欠伸かな　瑠璃」

「耶馬渓　天つ空からひらひらひら　ひらひらひらひらひらひらひら　ひらひらひらひらひらひらひらひら　ひらひらひらひら散る紅葉　孟」

「修行　酒に酔い痴れ元町の　石に一夜を明かしたら　面壁九年の達磨より　少し短いばかりなり　孟」

◆文豪、谷崎と佐藤のたまり場

バーアカデミーは長編小説「細雪」には描かれていないが、谷崎と佐藤春夫はよく通っていた。

地理的にも「細雪」で登場する〝上筒井六丁目の鈴木病院〟の近くにあった。

佐藤が急逝したとき、谷崎は朝日新聞に「佐藤春夫のことなど……」と題してアカデミーでの思い出話を載せている。

「佐藤が始終私の家に出入りしていたので、妻との間に間違いがあって、私とわかれ、佐藤のところへ行ったと思っている人が多いが、そんなことはなかった。一九三〇（昭和五）年八月十八日に「我等三人この度合議をもって千代は潤一郎と離婚致し春夫と結婚致す事と相成……」という、当時としては破天荒な声明文を出し話題になった事件に言及している。

「いま、よくおぼえていないが、ある晩、佐藤が神戸に出て、アカデミーというバーに行った。このバーは、場所はかわったが、いまの加納町にあるなかなかいいバーで、当時は阪急の終点の上筒井にあった。私はそこがひいきで始終行くので、佐藤も行ったが、その晩、佐藤はここでひどく酔って帰って来た。彼は酒を飲まない男で、少し飲んでも赤くなって息苦しくなったが……翌日に軽い脳出血を起した。顔がゆがんで、なにかいうことがわからない」と、佐藤のある夜の行状を紹介している。

ただ、谷崎は佐藤を痛飲させた原因は明らかにしていないが、「この時のことは佐藤の文学によほど影響していると思う」と綴っている。

◈バー「アカデミー」で芸術談義

池長はこのバー「アカデミー」で谷崎と芸術談義に華を咲かせ、文壇で名を成していた谷崎にも自分が書いた戯曲集『荒っ削りの魂』や詩集なども贈呈し、批評や推薦文を求めていた。

この当時の谷崎は離婚をめぐるスキャンダルで傷ついていた。経済的にも最も苦しかった時期だった。谷崎には東京から連れ添った妻・千代がいたが、小説「痴人の愛」のヒロインのモデルとなった千代の妹に谷崎が傾倒したことから二人は不仲になっていた。

谷崎は千代の境遇に同情していた友人の作家、佐藤春夫に「妻をもらってくれ」と持ちかけ、二人は一九三〇（昭和五）年に離婚している。そして「細君譲渡事件」として世間を騒がせるなど谷崎は多額のお金が必要だった。

その当時、谷崎が池長に寄せた手紙を紹介すると―。

「拝啓　先夜は突然参上ご迷惑な事を御願ひ申し上げましたが早速御了承悉《ことごと》く存します　一昨十三日柏井に託し荷物卸届けいたしましたから無事貴邸着の事と存ます　つきましては二三日中に旅行に立ちいでますので明十六日午後に今一度御あいさつ旁々《かたがた》参上いたしあし度、そのせつ新妻も同道、貴邸を見たがつて居りますから見せてやりたいとおもひます、乍《なが》ら勝手代金もその折頂戴《ちょうだい》出来ますやう御取計らひ下されば幸甚に存ます（略）　五月十五日朝　谷崎潤一郎　池長孟様」（昭和六年五月十五日付け封書）

〈谷崎の研究家、細江光さんの小特集「谷崎潤一郎と池長孟」によると、「谷崎は、昭和三年秋から、岡本梅ノ谷の地に自らの設計で建てた家に住んでいたが、お金に困り、家財道具を処分した上で、昭和六年五月、家を釘付けにして売りに出し、この夏は高野山の僧坊で過ごす事になった。（略）なお、この書簡に出る〈新妻〉は、四月に結婚式を挙げたばかりの二度目の妻・丁未子《とみこ》の事である。――（略）池長孟の自宅・紅塵荘は、贅を尽くし、工夫を凝らして建てられた芸術的な建物だったので、見学に連れて行ったのであろう」と紹介されている。

この新妻は雑誌記者だった古川丁未子のことだが谷崎はその頃すでに大阪・船場の老舗問屋の御寮人《ごにょうにん》だった松子への思いを募らせていた。出会いから七年後に芦屋に住んでいた「打出の家」で今度は松子との同棲生活が始まる。一九三五（昭和十）年一月にはこの家で祝言を挙げ正式に夫婦となると、谷崎は源氏物語の現代語訳という大きな仕事に取りかかっている。その後、谷崎は関西に通算三十年間居住した。

〈谷崎が池長に購入を依頼した「荷物」とは、清朝の乾隆帝《けんりゅうてい》（第六代皇帝）が使った「中国の寝台」で、谷崎が一九二六（大正十五）年に上海で購入したものだった。池長は一九三〇（昭和五）年五月に三五〇円で譲り受けた。図録「南蛮堂コレクションと池長孟」（神戸市立博物館発行）によると、天蓋付きの組み立て式で、仕切りは赤や緑のガラスがはめ込んであり、床は三畳敷きの畳で寝心地は悪かったという。現在は陽光美術館（佐賀県武雄市）が所蔵している。

谷崎は度々、池長に手紙を送っている。

一九三三（昭和八）年二月二十三日付けの池長への封書では、

「長らく打絶え御無音に打過候処今回邦彩蛮華大宝鑑寄贈にあづかり、御芳情　忝《かたじけな》く奉存候　誠に装幀《そうてい》の絢爛《けんらん》たる内容の精巧なる実に空前の大出版とも申べく御苦心の程思やられ申候　御蒐集品については垂涎《すいぜん》に堪へざる逸品二三にして不止複製素より結構には候へ共一度は実物を拝見眼福を得度と存候　拙著『蘆刈』も何や彼やにて出版遅延致居候へ共近日出来上がり申可く候間その節は是非一本御手許へ差上申度と存候　到底貴著とは比較にならぬ貧弱なものには候へ共何卒御笑覧被下度候（略）二月廿三日　谷崎潤一郎　池長孟様　侍史」と綴っている。

内容は池長から美術コレクションの豪華本図録『邦彩蛮華大宝鑑《ほうさいばんかだいほうかん》』の贈呈を受け、そのお返しに自筆本『蘆刈』を贈りたいとの感謝の手紙となっている。

◈文化人が愛した老舗バー閉店、「壁画」だけが残った

アカデミーはその後、上筒井からJR三ノ宮駅からほど近い場所に移転した。蔦がからむ平屋

の建物で外観は一見するとバーとは思えない。うっかりすると通り過ぎてしまいそうな外観だった。

作家の谷崎潤一郎、画家小磯良平や詩人竹中郁ら神戸市ゆかりの文化人が愛したアカデミーも老朽化と都市計画のため二〇一五年（平成二十七）年末、九〇年を超す歴史に幕を閉じた。小磯ら神戸ゆかりの文化人十六人が描いた「壁画」が客を見守ってきたが、二〇一六（平成二十八）年二月十七日に取り外されて市に寄贈された。壁画は終戦後に描かれたもので、関係者らは「神戸の古き良き芸術文化を伝える価値のあるもの」と評価され修復作業が行われ、「神戸ゆかりの美術館」（東灘区）で公開された。

壁画の保存に協力した神戸市立小磯記念美術館の廣田生馬《いくま》学芸員は「本来なら一緒に描

アカデミーの店内には小磯良平や詩人、竹中郁ら神戸ゆかりの文化人 16 人が白漆喰の壁に寄せ描きした壁画があった

かないはずの人たちの貴重な合作。サロンのように文化人が集まった神戸の歴史的、文化的背景がわかる」という。

「船来かぶれ」だったという店主の杉本栄一郎さん（故人）が手がけたアカデミーの内装はハイカラな山小屋風で作家や画家、俳優らのたまり場になった。

戦後、戦争でちりぢりになって戻ってきた画家らが漆喰《しっくい》の壁に、仲間への伝言板のように絵を描いていった。小磯良平や小松益喜《ますき》、田村孝之介、津高和一《つたかわいち》、詩人の竹中郁《いく》ら十六人で、縦一〇八センチ、横一八五センチの畳一畳ほどの大きさにちりばめられ描かれた女性像や動物、花などは淡いパステルトーンで調和されている。中央には洋画家伊藤慶之助の鳥かごや、竹中の黒い傘が描かれ、小磯は赤色の人物の横顔を右隅に残している。特に竹中と小磯は神戸二中（現・兵庫高校）時代から級友で、授業をさぼってこの店に通い詰めた。彼らが残した壁画は当時の神戸にうねっていた文化、芸術の雰囲気と情熱を現代に伝えていた。

半世紀前に父から店を継いだマスターの杉本紀夫さんは「ある日、父親に呼び戻された。偉い先生が壁に絵をかくから見とけ、とね。皆さん脂の乗り切った四十歳前後で、生き生きとしていましたよ」と当時を懐かしみ、「壁は自分だけのものでないから、つぶされへんと思っていた。美術館に運んでみんなに見てもらえるとは夢物語のよう。『美術館で会いましょう』とお客さんには言うとんねん」と話していた。

第6章

昇華する南蛮美術蒐集

◈南蛮美術の華《泰西王侯騎馬図屏風》との出合い

生涯で五千点以上に上る南蛮美術を蒐集した池長は、日米開戦前夜の一九四〇（昭和十五）年、手狭になった紅塵荘に替えて近くに「池長美術館」を建設してここを自らの蒐集品を展示する場とした。

南蛮堂コレクションは、一九三二（昭和七）年に飛躍的な充実をはたす。《都の南蛮寺図》をはじめとする永見徳太郎コレクション一括、《四都図世界図屏風》、《花下群舞図屏風図》を購入。さらにほぼ同時期に《泰西王侯騎馬図《たいせいおうこうきばず》》と狩野内膳筆《南蛮屏風》を東奔西走して入手している。

池長の蒐集の頂点ともいうべき南蛮絵画は、現在神戸市立博物館に所蔵されている《泰西王侯騎馬図屏風》（四曲一隻）である。

安土桃山時代に渡来したイエズス会の西洋人宣教師のもとで、洋風画の技術を身に付けたセミナリオ（神学校）の日本人が描いた南蛮美術の傑作といわれる。華やかな軍装に身を固めた中世の騎士たちが、馬上で剣を振り上げて干戈《かんか》（戦闘）をまじえる姿を、鮮やかな金箔の背景のもとに描き出した四曲の画面は、ほとんど同時代の西洋絵画と見紛う、躍動感あふれる構図の大作だ。画面には西欧の同時代の極度に技巧的な傾向を持つマニエリスムの影響も指摘される。

渡来した西洋人宣教師の下で、西洋美術の手法を学んだ日本人の画工が描く初期洋風画と呼ばれる絵画は、美術史のなかでも慶長年間のごく短い期間なので、作品もきわめて少ない。ザヴィエルら西洋人宣教師によって一時は少なくない諸藩の大名にも浸透したキリスト教は、一五八七（天正十五）年の豊臣秀吉によるバテレン追放令（豊臣秀吉が発令したキリスト教宣教と南蛮貿易に関する禁制文書）で一転して禁教とされて鎖国体制を迎えた。それでもこの間の歴史の雲間から差し込んだ束の間の陽光のように、初めての西洋画が日本国内に花開いた。

池長がこの作品を入手したのは、一九三二（昭和七）年の初夏であった。「長崎絵」や南蛮屏風の蒐集に熱が入っていたころで、その後数奇な来歴とともに世間に知られることになる名品を取り持ったのは、旧知であった東京の古美術研究家の高見澤忠雄である。

いま神戸市立博物館に所蔵されている、絢爛《けんらん》豪華なこの屏風絵が発掘されてから池長の手に渡るまでの数奇な経緯については、その間を取り持った高見澤の娘たか子が著した『金箔の港』（筑摩書房刊）

泰西王侯騎馬図屏風

のなかで詳細に追跡して記している。

発端は一九二五（大正十四）年のことで会津松平家に伝えられてきた《泰西王侯騎馬図屏風》とよく似た洋風画の屏風絵が、山口県萩の旧家にあるという話を友人が高見澤のもとへ持ってきたのが始まりだった。尊王攘夷運動の志士、前原一誠（長州藩士）の末裔《まつえい》の一族だという。

友人が示したその屏風絵のぼやけた写真を手にして、高見澤は会津松平家に伝わってきた四曲一双の図屏風を思い起こし、即座に萩の持ち主を訪ねた。

出迎えた前原一誠の息子の未亡人とその親族が、箪笥《たんす》から「家宝にしてきた」という紙本の絵画を座敷に広げた。色鮮やかな軍装を風になびかせて馬上で剣を振るう西洋の騎士たちの像が、金箔の背景のもとに浮かび上がる。かつて見た会津松平家の《泰西王侯騎馬図屏風》の対をなした作品であることは、疑いをいれなかった。

ただし、描かれた騎士たちの図像は会津松平家所蔵の作品と対照的である。こちらが騎乗した騎士が武器をかざしてわたりあう戦闘の躍動を描いているのと比べれば、会津松平家所蔵の画面は静的で、騎士たちが儀礼や演習に向かう一場面のようにも窺える。

もともと八曲の画面だった屏風絵は会津鶴ヶ城に松平家が所蔵してきたが、何らかの理由で「動」と「静」の四曲ずつに分かたれた。戦後まで松平家に所蔵され、いまはサントリー美術館にある「静」の四曲に比べてみても、萩の前原家が所蔵してきたこの「動」の四曲のダイナミックな構図とモデルの動きには見るものを圧倒する迫力がある。

ところが萩の前原家へ通って秘蔵の屏風絵と対面した高見澤が作品の売却を打診しても、前原一族の反応はけんもほろろであった。池長がその作品の存在を知るようになったのは、それから七年以上も経過した一九三二（昭和七）年である。送られてきた図録が縁で《泰西王侯騎馬図屏風》の存在を知った池長は、この「南蛮美術の花」というべき大作の買い取りを熱心に働きかけた。高見澤が当初提示していた五千円（現在の一千数百万円に相当する）の五倍にあたる二万五千円（同じく六千五百万円相当）を池長が示したことで前原の遺族は売却を受け入れ、ようやく幻の屏風絵は南蛮狂いで鳴り響いていた池長の手に落ちたのであった。

この屏風絵はその制作の成り立ちから所蔵の来歴にいたるまで、多くが謎に包まれた作品である。萩の前原家を最初に訪れた時、前原の一族を代表して縁者の老人は「これは戊辰戦争で会津落城の折、長州側の先鋒だった前原が藩主松平容保《かたもり》（会津藩の第九代藩主）の恩情を得るところとなり、屏風から自ら切り取って記念に寄贈されたものと伝えられてきた」と説明した。

もともとはキリシタン大名で、織田信長に寵愛された蒲生氏郷《がもううじさと》が近江日野城を飾る障壁画として描かせた作品といわれ、それが国替えで会津の鶴ヶ城に持ち込まれたものが受け継がれてきたというのである。池長もこの来歴を疑わなかったようである。戦後になってから記した『南蛮美術総目録』にはこう記している。

「かくの如き秘宝が、いかにして会津若松の僻陲の城内に、長き歳月の間埋もれていたかは、不思議に似て、不思議に非ず。そは江州日野の城主蒲生氏郷が、城内の障壁画として朝夕愛着措かざりしを、会津への転封《てんぽう》の砌《みぎり》携行せしものと推断すべきものなればなり」

ところがその後、その原画とされる作品の調査研究がすすめられた結果、当初の「蒲生氏郷の所蔵」説は揺らいできた。

《泰西王侯騎馬図屏風》は、後年の図像学的な考証から中世の西欧カトリック国家とイスラム国家の皇帝たちがたたかう姿を描いたものと考えられている。「静」のモデルとして推定されているのはクラウディス帝（ローマ帝国第4代皇帝）とイギリス王の図の折衷とアンリ四世（初代フランス国王）、アビシニア王（エチオピア帝国）、そしてペルシア王（ペルシア帝国）。「動」の四曲は神聖ローマ帝国皇帝のルドルフ二世（神聖ローマ皇帝）、トルコ王、モスクワ大公、タタール大汗（モンゴルを中心とした民族）とみられている。

これらは当初、十六世紀末のフランドルで画家のストラダヌスが描いた《古代ローマ皇帝図集》を原画として、岩絵具や金箔など固有の画材を使って日本人の画工が描いたものと考えられてきた。しかしその後の地理学者らの考証で、一六〇七年、一六一八年、一六一九年にアムステルダムで刊行されたウィレム・ブラウ（初期の世界地図）の銅板世界図をもとにした《王侯騎馬図》にきわめて似た図像であることが指摘された。蒲生氏郷の没年が一五九五（文禄四）年であることから、制作年代の引き下げが迫られることとなった。

現在では氏郷の嫡子でのちに関ヶ原の戦功で会津松平家に入り、徳川家と婚姻関係を結んでゆく蒲生秀行（蒲生氏郷の長男）が、イエズス会から受けとった贈り物、という説が有力とされている。

同じように、この作品を描いた画工がどういう人物であったのかも大きな謎であった。イエズス会が布教のために九州や畿内の各地に設けたセミナリオ（神学校）では聖書や聖歌などの音楽、ラテン語などの言語教育などに加えて、絵画教育も施されていた。

イエズス会の巡察使、ヴァリニャーノ（天正遣欧少年使節派遣を計画・実施した）が九州各地に設けたセミナリオで、美術教育が本格化したのは一五八三（天正十一）年にジョヴァンニ・ニッコロ（イタリア人の画家。宣教師）が来日してからといわれる。一五九三（文禄二）年に長崎からローマ法王庁に宛てたイエズス会年報の報告は、長崎の島原のセミナリオで西洋画を学ぶ日本人の画工を活写している。

「彼らのうちには日本の使節がローマから持ってきた立派な絵をそっくりそのまま写す者がおり、色も形も原画さながらで、神父や修道士たちもどちらがローマから持ってきた絵か、日本人の絵か見分けがつかないほどです」（片岡千鶴子訳）

初めて日本から長い困難な海路を乗り越えて欧州に渡り、ローマ法王庁で法王との接見を果たした天正少年遣欧使節の四人の少年が八年の歳月を経て帰国した二年後で、すでに秀吉のキリスト教への禁令が出ていたが、セミナリオの活動は続いていた。

画工として水彩画に八人、油彩画に八人、銅版画に五人が学んでいる、と報告されている。ニッコロもその流れを継ぐ画家であったが、欧州ではバロック期へ移行する頃に流行したマニエリスム（ルネサンス後期の美術）の影響を強く受けた美術が隆盛を極めていた。《泰西王侯騎馬図屏風》の作者がそうであったように、セミナリオでは欧州から遥々《はるばる》持ち運ばれた原画を手本として、若い日本人の画工が岩絵具に膠《にかわ》を混ぜた顔料で描いた画面を胡麻油などでコーティングするなどして、限りなく油彩画に近い作品が描かれた。作品の多くは、布教をすすめるイエズス会が大名ら有力者に対する贈り物となった。

セミナリオの画工たちのうちの何人かは、その名前を幽《かす》かにとどめている。イエズス会報告に名前が残されているレオナルド木村は修道士となり、やがて一六一六（元和二）年に長崎・西坂で二十六聖人（豊臣秀吉の命令によって長崎で磔《はりつけ》の刑に処された二十六人のカトリック信者）とともに福者として殉教した。《泰西王侯騎馬図屏風》の作者とも言い伝えられてきた山田右衛門は、島原の乱で原城に立てこもって捕らえられたのち、幕府側への内通者となり、江戸へ出てキリシタン逮捕のための協力者として目明《めあか》しになったと伝えられる。

◈表装そのものが、一つの独立した芸術

《泰西王侯騎馬図屏風》は四枚のパネルをつないでいるが、よくみると、王の体の真ん中にも四カ所の折れあとが残っている。これは池長が八枚パネルだったのを四カ所にくっつけていた。池長が前原家から作品を購入したときは、切り取った八枚の絵が丸めたままになっていた。これでは陳列できないから、屏風に仕立てる表装を池長が行っている。池長は王様が折れていると恰好が悪いから、そこはくっつけてしまい、古い着物の帯を使ってまわりをふちどり、特製の金具をはめこんだ。金具には「池長孟」「南蛮堂」と自分の名前が入っている。池長は「泰西《たいせい》の　王族馬にまたがりて　とりことなりぬ　わが蔵《くら》の中　孟」と詠んでいる。

池長は「表装そのものが、一つの独立した芸術」と言い、まるで恋人に服を選んであげるみたいに楽しく表装している。

また南蛮美術を「げてもの」「いかがわしい」としか見ない人に対して池長はいつも怒っていた。

◈信長も「南蛮趣味」の虜《とりこ》

池長は《南蛮屏風》に「狩野内膳《かのうないぜん》筆」のサインがある屏風を見た時、感激した。狩野内膳（一五七〇－一六一六）は豊臣秀吉のお気に入りの一流画家で有名だった。池長はこの屏風を手に入れることで桃山時代の優れた芸術であることを知らせようとした。奈良でこの屏風を買ったのが一九三二（昭和七）年六月八日で、前原家の《泰西王侯騎馬図屏風》を購入したのは、その五日後のことだった。池長は得意満面に「実にナポレオンの如き迅速さではないか」と自負した。

《南蛮屏風》と《泰西王侯騎馬図屏風》を連続して購入した池長は、悦に入っていた。そして十一月に入ってからは《南蛮王－四都図・世界図》の屏風を手に入れた。この屏風はスペイン貴族の家に伝わったもので、それを聞いた池長はある人物を思い浮かべた。

それは織田信長だった。池長は「これは信長が安土城に飾って楽しんだ屏風で、後に信長からヨーロッパへ贈られたものではないか」と考えた。池長はその屏風を「安土屏風」と命名した。後に研究が進み、この屏風はそんなに古いものでないとされているが、池長はこの《南蛮王－四都図・世界図》の屏風の前でポーズをとって信長に呼び掛けるように和歌を詠んでいる。

「信長よ　豊太閤（秀吉）よ　われもまた　城のあるじぞ　南蛮王ぞ」

それから三年後、織田信長の画像（重要文化財）を池長コレクションに加えた。池長は織田信長に心酔する蒐集家であった。

生涯にわたる膨大な南蛮美術の蒐集は、池長にとって遠いその時代から響いてくる刺激的で官能的な異文化の音楽を聴くことでもあった。

「南蛮趣味」の虜《とりこ》となった信長、のちにキリシタン禁令で信者への弾圧と迫害に踏み切る豊臣秀吉も、南蛮文化が放つ魅力には逆らい難かった。

◈「天正遣欧少年使節」と秀吉

《泰西王侯騎馬図屏風》が描かれた同時代、セミナリオの周辺から「天正遣欧少年使節」の四人の少年が日本人キリシタンとして初めて欧州の地を踏みローマ教皇に接見した。八年の長い旅を終えてから帰ったのは一五九一（天正十九）年の春だった。

九州のキリシタン大名である大友宗麟、大村純忠、有馬晴信の使節として選ばれた伊東マンショ、千千岩ミゲル、中浦ジュリアン、原マルチノの四人の少年たちは、長崎を旅立った時には十三歳から十五歳の少年だったが、八年にわたる欧州の旅ですでに全員が二十歳を過ぎた逞《たくま》しい若者になっていた。青年へ成長する最も多感な人生の時間をこの遠い異郷への旅のなかで過ごした。

しかし、八年の歳月を経て長い海路の果て、ようやく故郷にたどり着こうという矢先のマカオで、彼らを凶報が待ち受けていた。

布教の拡大による侵略を恐れた秀吉が一転してバテレン追放令を発し、厳しいキリシタン弾圧を繰り広げていた。一行は多くの託されたものを携えていた。京都・妙法院に所蔵されている、関白豊臣秀吉にあてた「ポルトガル国インド副王の親書」は一行が帰路にインドのゴアから託されてきた。羊皮紙に金糸で縒《よ》った房が飾られ、飾り文字の文面を煌《きら》びやかな色彩の挿画が飾っている。

「至って高貴雄偉なる関白殿／地遼遠なるが為に今に及ぶまで両国間の交際存せざりしといえども、殿下の勝利及び功業の偉大、遠方に至る迄も響く殿下の声誉芳名、日本の四方の諸侯及び諸州を殿下の版図に克服せられたる次第は、貴国各地に在る伴天連等の書簡に由りて予の知れるところ……」

一五九一（天正十九）年春、帰国した少年使節一行はこの国書を携えて聚楽第（豊臣秀吉の政庁兼邸宅）で秀吉と接見した。このほかに副王からは、広刃の剣二振・鎧二領・アラビア馬二頭と馬具・拳銃二丁と短刀一振・金飾の掛布二対・天幕一張りという贈り物が届けられた。

これらはキリシタン弾圧を緩和させたいカトリック側の必死の懐柔策であった。秀吉は実利を伴う南蛮貿易の継続は認めたが、キリスト教の禁教を覆す事はなかった。五十四歳の秀吉はこの年、朝鮮出兵へ踏み切っている。

四人の若者の庇護者だった大村と大友の二人のキリシタン大名は既に亡くなっていた。眼の前の秀吉は異教への厳しい弾圧者に変わっていたが、それでも関白は南蛮土産に上機嫌だった。

戦国時代末期の日本でキリスト教の布教活動をしたイエズス会宣教師ルイス・フロイス（戦国時代研究の貴重な資料となる『日本史』を記したことで有名）の著した編年体の歴史書『日本史』によると――。

「四人の公子はクラヴォ、アルパ、ラウデ、ラベキーニャ（小型のヴァイオリン）を合奏し始めた。彼等はイタリアやポルトガルで十分習っていたので極めて巧みに、優雅に、かつ軽快に演奏した。（秀吉は）彼らに歌うように命じ、好奇心をもって注意深く聞いた。……彼は同じ楽器の演奏と歌を続けるよう三回も命じた」

作家の三浦哲郎氏は遣欧少年使節を主題にした長編小説『少年讃歌』のなかで、この曲の歌詞を再現している。

「そなたと別れて嘆きは深し／つれなき我の罪をば許せ／悲しみ痛みのいやまさるゆえ／短かるべしつたなきいのち」

妻を亡くして寂漠《せきばく》を心に抱えながら、南蛮美術の蒐集の鬼となっていった池長が遠く耳を澄ませて聞こうとしたのも、彼方から聞こえるこのような旋律ではなかったのか。

列島をとりまくさまざまな異文化の奔流のなかで、「南蛮」はキリスト教の布教のため渡来した宣教師を通して西欧との接触が始まった中世から近世にかけて、日本人にとって秘めやかな憧れと甘美な夢想の対象であった。安土桃山期にポルトガルやスペインから来た宣教師たちはキリスト教の信仰とともに珍しい外国語や風俗を通して異文化の香りを運んだ。秀吉によるバテレン追放と禁教から鎖国体制に入った後も、長崎・出島という小さな窓を通して入ってくる異教の人と文物の好奇な輝きは、失われることがなかった。近代に入って与謝野鉄幹や北原白秋、芥川龍之介、木下杢太郎らの文人たちを妖しい魅力で惑わしたのも、遙か海の彼方からこの列島に響き続けた、禁忌《きんき》と殉教という悲劇を伴うこうした異国情緒の妖美な旋律だった。

「われは思ふ、末世の邪宗、切支丹でうすの魔法。黒船の加比丹を、紅毛の不可思議國を、色赤きびいどろを、匂鋭きあんじやべいいる、南蠻の桟留縞を、はた、阿刺吉、珍タの酒を。」(北原白秋「邪宗門秘曲」)

◈精力的な蒐集活動

池長が購入した南蛮人のデザインを取り入れた文箱は、長崎の南蛮美術の研究家、永見徳太郎のコレクションだった。池長はこの永見コレクションを分割払いで買い入れた。《蒔絵鉄砲文大鼓胴鉄砲《まきえてっぽうもんおおつづみどう》》は和楽器で大型のつづみの胴。鉄砲とデザインが、西洋趣味だから買い求めた。

《蒔絵南蛮人文鞍《まきえなんばんじんもんくら》》の鞍は、裏に記された年代から一六〇四（慶長九）年に作られたことがわかる重要な作品。江戸時代のはじめに西洋趣味の武将が注文した鞍で日本に来たポルトガル人や、その召し使いを、実際に使う馬具のデザインに取り入れた作品で武将たちの南蛮趣味が見てとれる。

遠近法、透視法によってあらわした浮世絵も蒐集している。ただ、池長が蒐集した浮世絵は歌麿や春信の美人画や、広重の風景画のような普通の浮世絵を集めるのではなく、西洋の影響を受けた洋風の版画や洋風の浮世絵の掛け軸にしぼって蒐集した。ほかに望遠鏡をのぞいているような西洋趣味の浮世絵も集めている。

池長は北斎の浮世絵を前に詠んでいる。

「かため細めて　笑《えみ》かたむけて　何が見えますか　遠眼鏡《とおめがね》」

池長は絵の中の人物に話しかけたり、作者を想像したりしてロマンチックな文学青年のように美術品への思いを寄せている。

《異国風景人物図》という対幅（ふたつで一組）の作品があるが、この作品を手に入れたとき、池長は「君、江漢は現代にもやっぱり生きているよ！」と友人に自慢している。「江漢」は江戸時代中期の画家、司馬江漢で、この作品を手にいれたとき、江漢本人と出会ったように感激した。池長はこの作品がお気に入りで、自宅の邸宅「紅塵荘」でこの前でくつろぐ写真が残っている。

この作品のほか、神社の絵馬として描かれた大きな風景画・司馬江漢筆《相州鎌倉七里浜図》や昔の江戸を生き生きと描いた銅板画・司馬江漢《三囲景》などの作品も集めた。

池長は「神戸という片田舎」と神戸の悪口を言っているが、それは神戸が大好きな裏言葉で「私が一生懸命になって、初めて神戸の土を踏まんとしている訪客に郷土の文化を、自分の所有物のように自慢していた時、蚊にさされて飛びあがったまま、夢は醒《さ》めてしまいました」というほど神戸のまちに夢を持っていた。

池長は蒐集のきっかけが長崎版画だったくらい長崎のまちも好きだった。南蛮堂コレクションには長崎の画家が描いた絵もたくさん集められた。油絵を上手に描いた長崎の画家、荒木如元（一七六五－一八二四）の肉筆画《瀕海都城図《ひんかいとじょうず》》を一九三〇（昭和五）年九月に手に入れている。

池長はこの作品を気に入っており、

「私のコレクションで最も困るのは、古い大きな油絵などを、額にしておくわけにはゆかないし、掛物《かけもの》にしてあるので、巻きかえす度毎にいたんで仕方がない。如元の油絵などは額に入れてあるが、カンバスが柔らかいので、辛《かろ》うじて硝子《がらす》でとめて、もたしてある」と話している。

一九三一（昭和六）年十一月には、シーボルトのお抱え絵師・川原慶賀（一七八六－？）の《長崎港図衝立《ながさきこうずついたて》》を手に入れた。絵に加え、衝立の細工がとても精巧な長崎製の工芸品で、池長がつくった目録には「シーボルトが事件を起こして国外追放されたとき、長崎の役人が没収した」と紹介されている。裏には、一緒に日本に来た妻と子供の滞在が許されなかったオランダ商館長ブロンホフの家族が描かれている。池長は妻を早く亡くしており、この哀しい話に心打たれたのかもしれない。

そして江戸時代の蘭学に関係する資料もたくさん集めている。西洋の解剖書を初めて本格的に翻訳した『解体新書』も購入しており、池長コレクションの『解体新書』には「池長植物研究所図書」と「牧野文庫」の判子が押してある。この判子は一九一六（大正五）年、池長がまだ京都帝国大学の学生で植物学者の牧野富太郎を援助していたときの図書だった。江戸で活躍した洋風画家、石川大浪（一七六二－一八一七）の《獅子図》も蒐集している。石川は杉田玄白《すぎたげんぱく》や大槻玄沢《おおつきげんたく》の蘭学の先生とも仲が良く、頼まれて絵も描いている。

《獅子図》は、池長美術館の開館記念展に出品しているがその後、売却された。一九九五（平成七）年の阪神大震災のあと、ある家の蔵から再びこの作品が見つかり、博物館のコレクション群に戻ってきた。

◈日本美術品の大集成、『邦彩蛮華大宝鑑』出版

一九三三（昭和八）年、池長は南蛮・紅毛美術品の蒐集にひと区切りついたと判断し、その集大成として労作『邦彩蛮華大宝鑑《ほうさいばんかだいほうかん》』を出版し、心の丈《たけ》を述べている。

「私は最近『邦彩蛮華大宝鑑』という書物を刊行した。この標題では一寸判《ちょっとわか》りにくいかも知れないが、それは南蛮、唐、紅毛の異国趣味の豊かな、日本美術の大集成である。しかも私一個人の蒐集にかかり、日本に於《お》けるこの種美術の代表作家の、代表的作品を一堂に網羅してしまったので、この点だけでも正に奇蹟的な驚異に値する。実に一大博物館であり、一大美術館が構成される。本邦に於ける最も有意義なるコレクションである……。

私にはいろんな不満があった。そしてその不満が私を駆《か》って、今回の書物を作らせたのである。まず第一には、日本人の蒐集というものが気に食わない。茶人など真の美の標準があって、美術品を愛好するのではなくなって、他の邪念妄想が多い。そしてつまらぬものに馬鹿げた高価な金を捨てる。……それから学者諸先生に対しても不平がある。というのは、その説明が甚だしく迂遠《うえん》で、枝葉《しよう》のことは詳細に論じてあるが、大局から系統をたててあるものは少なく、肝心かなめのところにはちっとも触れて居ない。それに文章がかたくって読みづらい。殊《こと》に美術品の説明

なんかはもっとあっさりと文芸的でいきたい。そんなことから私の解説は、今までとはまったく違ったゆきかたを試みたのである。……それに装幀なども、日本の本はどうもいやらしいのが多い。殊に日本の古書には立派なものもあるのに、いたづらに西洋かぶれのしたものが多い。私はそれで日本紙なども用いて外観を飾った。……然《しか》るに私の著書があまりに大きすぎたためか、時代から進み過ぎていたためか、世間ではなりをひそめている。下界とは没交渉に大空高く唸《うな》っているのは一寸《ちょっと》いい気なものである」（『育英三十七号』に掲載の「燈下紙魚記」から）

池長の美術蒐集への批判に対し、阪急電鉄の創始者、小林逸翁《いちおう》は池長の心意気を高く評価している。

「私にとって稀有《けう》なこの本は、著者蒐集の心持や、理想や、権識や、その時々の感想を、詩歌俳句、脚本謡曲の形式を借りて、思うままに大胆に喝破しているから痛快である。学者肌の専門家から見れば、御本人『独りよがり』の非難があると思う。然《しか》し私は此《こ》の『独りよがり』が、著者独特の見識があって、美術品を蒐集せんと志す人達は、まず第一にあらゆるものに研究的態度を持って、此の著者の如《ごと》くに、自己の信念を固める必要があると思

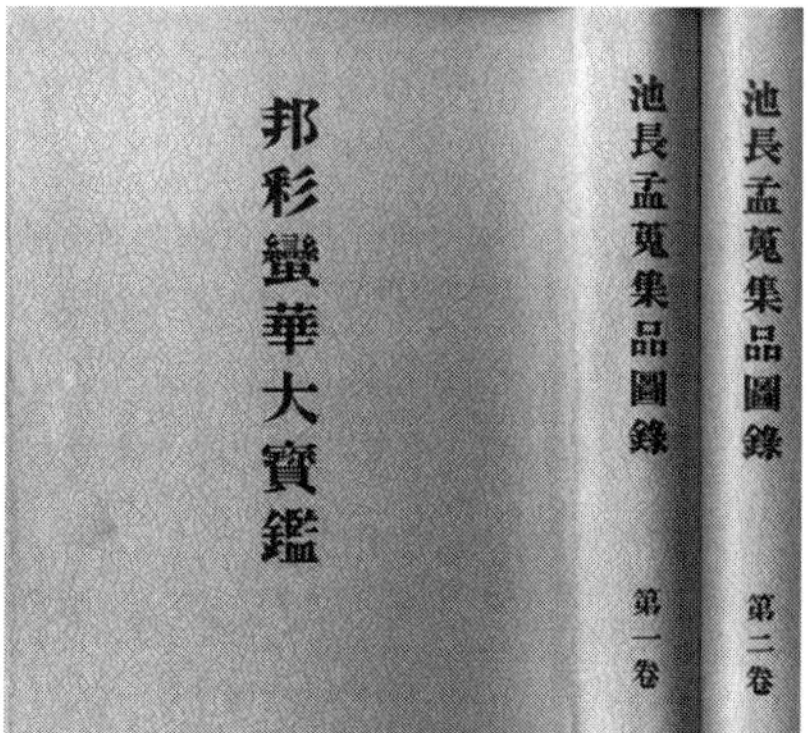

『邦彩蛮華大宝鑑』

う。茶人畑の人達は、兎角《とかく》『独りよがり』に対する批評をするだけの芸はあっても『独りよがり』をする度胸がないので、現状維持と凝視停滞《ぎょうしていたい》とで終始しているが、如何《いか》にも卑怯《ひきょう》で物足らぬと思うのである」（小林一三「ひとりよがりの事」）

この図録は革製の分厚いカバーに包んだ二分冊で、掲載した図版は二百四枚、カラーをふんだんに使った豪華本で池長の自費で、大阪の創元社から一九三三（昭和八）年一月一日に出版された。池長が豪語するだけに『邦彩蛮華大宝鑑』は約二百点の「名画」と「池長ワールド」がコラボレーションするオリジナリティ豊かな南蛮美術カタログとなっている。

構成は「初期洋画」の狩野山楽から始まって、狩野内膳《かのうないぜん》の南蛮屏風、丸山応挙。次に「江戸系」の司馬江漢、大久保一丘（江漢の門人）。「須賀川系」の亜欧堂田善《あおうどうでんぜん》、安田田騏《やすだでんき》、「秋田系」の小野田直武、「黄檗像」「長崎系」と系統に沿ってダイナミックに展開。池長は三百年間にわたって「南蛮・紅毛美術」のテーマに絞って作家と作品を調べ尽くして系統だてて紹介。池長はこれらの作品を全国から探し出し購入しては現物を手にして分類していた。

池長はまだ、誰もが注目していなかった「南蛮・紅毛美術」の新ジャンルを暗中模索しながらも猛然と開拓した先駆者だった。

そしてユニークなのは池長が描いた「花瓶と花」と「ダンスする男女」の版画がとびら絵となり、前書きは神様と池長の会話劇で構成されており、その斬新さに驚いてしまう。その一部を紹介してみよう。

神様「お前は誰だ」
私「私です」
神様「私とは誰だ」
私「巡礼です」
神様「そして、何処へ行く」
私「この道を、奥の方へ、深く、深く、この坂を、峯の方へ、高く高く……」
（中略）
私「私は、美の巡礼者なのです」
神様「そうだったか」
私「そして、私は芸術の殿堂に、参拝するのです」

池長の既成の概念に捉われない大らかな芸術的な発想に圧倒されてしまう。

池長は「南蛮・紅毛美術」のテーマに絞って各作品と作家を解説し約三百年間にわたって生み出された作品を系統に沿ってダイナミックに分類している。作品解説も「ポエム」「謡曲」「戯曲」

「エッセイ」「今様」と作家を目指していた幅広い文学的素養を駆使してときには辛口を含めて縦横無尽に評論している。

その中に「十戒」と題してコレクションに対する思いを述べている。

〈十戒〉

一、自分に趣味もなく、分かりもせぬものを、集めるべからず。

二、もしにせものをつかまされても、自分の不明を深く恥づべし、決して人を怨《うら》むべからず。

三、よきものは、比較的高価にても、買ふべし。悪きものは、いくら安くとも、買ふべからず。

四、売買の場合以外にては、芸術品には、価額無きものと知れ。

五、箱書付などは、たきつけにすべし。初期のすぐれたるは、多く筆者不詳なり。

六、博識の人に教えらるるはよし。然も、最後の鑑定家は、わが眼力なり。

七、系統をたてて集めるべし。雑駁《ざっぱく》な集め方は無意義なり。せぬ方がよろし。

八、よきものが、よき人の手に納まりたるは、嬉《うれ》しきことなり。

九、二枚とはなき逸品が、外人の手に買われて、異国に持ち去らるるは、悲しきことなり。防ぐべし。

十、自己のものに非ず。国家の寶《たから》と心得て、その保存には綿密なる注意を要す。防火の事、言はずもがな。

（邦彩蛮華大宝鑑　第百図解説　十戒）

さらに、池長はこんな詩を残している。

「沈める船　沈める船／舳《へさき》を海底に横たへて／折れたる帆柱は砂に埋もれ／艪《ろ》は巌にくひこんで／天草灘の底深く／永久に沈める南蛮船　羅針盤は何をさすか／海図の皮は水にゆらるるとも／船は動かず／舷側にとりつけられたる／大砲は錆《さ》びて朽ちゆく」

この詩は鎖国体制の下、唯一の西洋への窓口となった長崎の出島などで御用絵師が描いた「長崎絵」の代表作といわれる、蒐集品の《阿蘭陀入船図》に寄せた池長の画賛であると思われる。遠路はるばるやってきたオランダ船のにぎわいと、人々の衣装や言葉が発する文明と異文化の香りに誘われ、その運命へ導かれるように「南蛮」と「紅毛」の美術に生涯を預けた、蒐集家、池長の秘めやかな情念を垣間見ているようだ。

◈「池長美術館」開館

第二次世界大戦の軍靴《ぐんか》の足音が高まる世相を低く見て、池長の「南蛮狂い」は逆に高じた。

池長は神戸市中央区（旧葺合区）に《聖フランシスコ・ザヴィエル像》をはじめ《織田信長像》（重要文化財）、《南蛮屏風》（狩野内膳筆、重要文化財）、《泰西王侯騎馬図《たいせいおうこうきばず》》（重要文化財）など約七〇〇〇点の蒐集品を収蔵陳列する「私立池長美術館」を一九三八（昭和十三）年五月に建設し、家族と一緒に引っ越してここを自らの蒐集作品を展示する場とした。池長は「芸術が好きで、能力あるものは能力を生かし、金あるものは金を使い、最大限世の中に役に立ちたい」と自身は南蛮美術の蒐集のために池長家の財産すべてを投げ出そうとした。

実際、池長は『邦彩蛮華大宝鑑』を出版したあとも蒐集を続けていたが、信頼していた美術商、高見澤忠雄が新しい「南蛮屏風」を池長の自宅に持ち込んでも、池長は空を見上げながら「お金が欲しいのう、高見澤君」と漏らした。さすがの池長の財産も底を突こうとしていた。

これまで池長に《内膳の南蛮屏風》《泰西王侯騎馬図》の南蛮画を探し当てた高見澤も「もうこまでやれば十分じゃないですか。あとは美術館を建てるお金を残しておけば」と助言したという。

「池長美術館」は「紅塵荘」も建築した、住友工務部の出身で関西を拠点に活動している、当時の一流建築士、小川安一郎が担当している。外壁に白いモザイク・タイルを貼り、庇《ひさし》を支える四本の吊り金具、両側がレンガ張りで、アーチを並べた窓などが西洋風。重々しくも華麗でアール・デコスタ調のしゃれた美術館で池長自らが館長に就いた。

その「池長美術館」の開館披露の宴は三日間にわけて催された。池長は美術館をつくった理由について開館を祝したパンフレットに記している。

「神戸のような国際大都市にして、美術館の一つも持たないということは、国民教養の程度も察せられて大きな国辱である」。

その当時、長らく神戸は〝文化不毛の地〟と呼ばれていたが、池長美術館は神戸にできた初めての美術館となった。

池長と親しい美術商、高見澤忠雄は『市民のグラフ神戸』（No.86）に賛辞のことばを寄せている。

「何人の力も借りず、一個人の意志を貫いて、南蛮美術の日本一の蒐集をなしとげた。これはおそらく世界的に見ても比類のない

当時を代表する文化人が勢ぞろいした池長美術館開館式（昭和15年）1940年３月30日。（前列右より池長孟、谷崎潤一郎、林重義、川西英、後列右より竹中郁、小磯良平。背景に展示されているのは泰西王侯騎馬図）

蒐集というべきであり、これを完成したことは男子の本懐と称しても過言ではあるまい」

新聞各紙も賞賛している。

「豊かな異国の香　南蛮屏風や泰西風俗画」「船載文化の絢爛《けんらん》たる結実を一堂に鳥瞰《ちょうかん》される」などと盛大に報じた。

二日目には親交のあった作家・谷崎潤一郎、詩人・竹中郁、「池長孟」の肖像画を描くほど親しかった洋画家・小磯良平ら当時、日本を代表する文化人が勢ぞろいした。このほかに石井柏亭《いしいはくてい》、国枝金三《くにえだきんぞう》、山下摩起、橋本関雪ら画家と柳宗悦、寿岳文章《じゅがくぶんしょう》ら美術史を研究する人々が美術館を訪れている。

竣工を記念した別の写真には池長が二女の手をつなぎ、隣には再婚した植野とし子が一歳位の男の子を抱いて写っている。とし子が抱いているのは三男潤で、後にカトリックに入信、一九九七（平成九）年から二〇一四（平成二十六）年までカトリック大阪大司教区大司教（日本カトリック司教協議会会長）を務めることになる。

一九三八（昭和十三）年七月五日には阪神大水害が起こり神戸のまちは土砂流でめちゃくちゃになったが、池長美術館は建てた立地が良かったため奇跡的に被害はなかった。

池長は完成した年に阪神大水害や神戸空襲を奇跡的に乗り越えたことに対して、自信たっぷりにこう答えている。

「君は幸福な人だと誰もが言ってくれる。―しかし運ばかりでは割り切れない。私が土地を選ぶのにどれほど苦心したか。建物は無論鉄筋コンクリートであるが、その上に耐震耐火耐風耐水にいかに気をつかったか。窓の装置一つを見てもらってもわかる」

◈池長美術館、一般公開と戦況悪化

竣工から二年後の一九四〇（昭和十五）年四月一日、戦時色が濃くなる中、一般公開の第一回展覧会が開催され、その後、第五回まで開催された。より一層、戦時体制が強まる中でも、池長美術館の館内だけはエキゾチックな雰囲気に満たされ別世界を髣髴《ほうふつ》させたが、贅沢《ぜいたく》を敵視する運動が神戸でも広がり、西洋文化の展覧会に対する世間の目は冷たかった。

実際、最初多かった見学者も戦争が始まると激減した。池長美術館の入館者数をみてみると、第一回（昭和十五年）一六一六人、第二回（昭和十六年）一六〇三人、第三回（昭和十七年）一五七一人、第四回（昭和十八年）一三九〇人、第五回（昭和十九年）一一二九人と減り続けた。

一九四一（昭和十六）年末に日本は米国へ「宣戦布告」し、太平洋戦争が始まり一九四五（昭和二十）年、池長美術館の第六回展覧会はアメリカ軍が日本への空襲を始めたため中止となった。三月十七日の神戸空襲では神戸一帯が爆撃を受けて焦土と化した。五月十五日に池長は、明石郡押部谷村福住の財田家の離れを借りて疎開した。美術館からわずかな屛風を運んだだけで七千点以上の池長コレクションの大半は無人の美術館倉庫に置いたままだった。

続く六月五日のＢ29の大編隊を組んでの大空襲では、池長美術館の周囲一帯が空襲で破壊し尽くされたが、鉄筋コンクリート耐火耐水の美術館と自宅の紅塵荘は奇跡的に被害をまぬがれた。池長は疎開先の押部谷から駆け付け、難を逃がれた美術品を目にして涙を流した。終戦直後、電車に乗ると車窓からは神戸一帯が焼け野原となっていたが、この二つの建物はよく見えたという。

神戸空襲で池長はその当時の様子を書き残している。

「一九四五（昭和二十）年のお正月前後には、上の墓地や春日野道あたりに、爆弾が落ち出し、警報がなる度に皆、真夜中にも雪をかきわけて、壕に入るようになった。私達は鉄筋建てのお蔭で、一階の廊下に身をかわせてすませた。名古屋東京方面への空襲が、愈々《いよいよ》関西に及んできたのは三月の中頃、大阪か神戸に来るとの評判が実現して十四日の夜中、警報が鳴り響いた。さあ来た。屋上に飛び出してみると、雨の中を、大阪がやられている。漸《ようや》く神戸が免《まぬが》れたと胸なでおろしたのも束の間、翌々日は神戸に来るとの噂が持ち越して、十七日のまだ真っ暗な中を、Ｂ29の編隊が襲来した。……。

さて時は来た。家内や国民学校の子供二人は、食糧や見廻り品をつめこんだリュックサックや鞄をさげて美術館の玄関に逃げる待機をし、近所や下の町の人もかけつけてくる。私は屋上に上がって状況を見ていた。最初海岸の三、四ヶ所が燃えだしたかと思うと、いざという場合には逃げる算段をしていた。すぐ正面の山に火がついた。この周囲の火を目じるしに中を襲うつもりだろう。『もうあかん』と観念していると、幸《さいわい》山の火もすぐ消え、西の方から海岸にかけて凄惨な炎が舞いあがっていたが、葺合区は大体に事無きを得、夜があけて機影も姿をひそめたのである。……やれ救われた。」〈この後、池長は一家で今の神戸市北区、押部谷小学校の門前の家に疎開する。〉

そこまではよかったが、六月五日の朝になって、ラヂオの音もけたたましく、愈々《いよいよ》神戸再度の空襲。道路を飛び出してみると、東の方でドンドンパンパンやっている。よい天気だったのに、黒い雲のような煙がたちこめて、太陽も姿をかくした。やがて神戸の雪の御所から通っている向いの学校長が来ての話に、雲中《うんちゅう》学校のまわりは皆焼けている。熊内《くもち》は全滅だとの事。もう駄目だ。美術品が

現在は神戸市文書館として使われている旧・池長美術館

焼けたのでは生きる望みもない。などと思いながら座敷に寝転んでいたが、もう一つピッタリとは来なかった。その内、例の知人が状況を見て来ようというので、熊内にかけつけ、帰っての報告に、美術館は助かっている。住宅の玄関回りや周囲の家は皆焼けたが、本館も倉庫も安全であるとのことだった。詳しくはまたあとでわかったのであるが、その日は留守番の男も不在だったが、玄関わきの小室や一階寝室の窓辺に火がついたのである。南側が始《はじめ》神学校だったのが、俘虜《ふりょ》収容所の病室になっていたのである。これがあるためこの辺は空襲に大丈夫だと言われていたのに、先《ま》づこの建物が焼けて、俘虜に死人や怪我《けが》人が出たらしい。私の家にも火がついたのを見て、この収容所の人達がかけつけて消しとめてくれたのだ。皮肉な話である。美術品を焼いてはならないとの意識もはたらいていたのかもしれない。深く感謝する次第である。又屋上の稲荷の祠《ほこら》も焼けた。身代りになってもらったものとも思える」

池長は奇蹟的にコレクションの焼失が免れたことを感動的に綴っている。

「奇蹟《きせき》は正に顕現《けんげん》したのだ。京都大学の哲学科から学徒部隊にとられた長男の哲学書は全部焼けたけれでも、美術品は参考書に至るまで総てが安泰だった。押部谷からかけつけて、美術品に取り巻かれながら、倉庫の中で椅子によりかかった私の頬を、滴《しずく》はとめども無く流れた。ザヴィエル上人像も、「こんてむつすむん地」も、南蛮屏風も、一つ一つが私の肉であり血である世界的な稀覯《きこう》品は、灰にはならなかったのだ。天佑神助と言わずして何であろう。」（自筆備忘録）

第7章

戦後の清貧と蒐集家魂

◈池長美術館、戦後は占領軍に接収

一九四五（昭和二十）年八月十五日、太平洋戦争は日本の敗戦で終戦を迎えたが、池長美術館はＧＨＱ（連合国軍最高司令官総司令部）に接収され再開もかなわなかった。

その上、美術品には終戦直後の占領下に新設された財産税と固定資産税の重税がかかってきた。池長は一転して経済破綻し「斜陽族」に転落した。戦前、一八〇センチの長身にロンドン仕立ての服装でダンディだった池長も、戦後は切れた草履に信玄袋を腰にして歩くようになった。

ただ、喜ぶべきこともあった。一九四七（昭和二十二）年、昭和天皇の関西巡幸の際、池長コレクションを天皇に鑑賞してもらうことになった。美術館は接収されていたので宿泊先の神戸第一中学校に美術品が運ばれ天皇一行に披露された。その功もあり翌年には第一回の兵庫県文化賞が池長に授与されている。そして一九四九（昭和二十四）年には「ザヴィエル渡来四〇〇年祭」の記念美術展が東京と大阪で盛大に催された。展示会では池長コレクションの南蛮美術品がスポットを浴び、戦争のため倉庫に保管されていた美術品の数々が晴れの舞台を迎えた。

池長はのちの『南蛮美術総目録』の序文でこれまでの南蛮画のコレクションについて述懐している。

「よくもまあこれだけ集めたものだ。尨大《ぼうだい》とはこれを言うのだ。汗牛充棟《かんぎゅうじゅうとう》どころではない。あるいは集まったという方が正しいかも知れない。これは神慮《しんりょ》であって人間業《わざ》ではない。しかも、私一人の手で集めたのだ。思う存分、気に入ればば買い、入らねばはねる。完全なワンマンだ。役所仕事や民主とやらで多人数相談に日を暮したら、とても出来る芸当ではない。一徹な私は先祖譲りの家や土地を皆売り飛ばし、借金をしとうして南蛮美術を買った。おはら庄助さんは朝寝朝酒朝風呂が大好きで、それで身上をつぶしたらしいが、私は又南蛮紅毛絵に惚《ほ》れ込んでエキゾチックに憂き身をやつし、それで身代限りをした。その頃私を馬鹿扱いし、親からの財産を後生大事にした連中は、終戦後になって、私に先見の明があったという。変な具合だ」

神戸市立南蛮美術館館長だった折茂安雄も池長コレクションを評価する。

「池長収集は日本史研究に大きな資料を提供したといえる。蒐集の値打ちですか。数億円か、数十億円か、ちょっと見当がつきまへんな」

また、池長の蒐集した収蔵品に詳しい元神戸市立博物館学芸員の勝盛典子さん（現・香雪美術館学芸部長）は「関連分野の資料を数多く蒐集するなど、池長は植物学者、牧野富太郎の手法を踏襲している。高い授業料だったが、池長は援助を通じて蒐集、分類の基礎を学んだ。それがなければ、美術コレクションの形成もなかっただろう」と話している。

池長は蒐集する一方で、池長美術館を開館する以前からいくつかの作品を売却している。岩手の南部伯爵家から初期油絵屏風一双を買い取る話がまとまった時、その代金二万五〇〇〇円を支払うため、親しくしていた画商、高見澤忠雄に《南蛮屏風（世界図・南蛮船）》《帝王騎馬額二面》《初期油絵小型狩猟屏風》《印度小画（ミニアチュール）》の四作品を売却している。

それは池長コレクションの充実を図るための整理作業ではあったが、同時にさしもの池長も財力の限界が近づいていた。

池長から《悲しみのマリア画像》を購入したのは南蛮文化館（大阪市北区中津）の北村芳郎理事長（故人）だった。

この絵は福井で代々藩医を務めていた旧家にある土蔵の土壁の中から大正中期に発見された作品。絵は竹筒に収められていた。キリスト磔刑《たっけい》の場において悲痛な聖母の容貌と心情が表現されている。十六世紀中葉にイタリアの画家によって描かれた作品と考えられ、日本に現存する聖母画像の名品の一つに挙げられている。

北村の長女で現在館長を務める矢野孝子さんは「父からは、池長先生から南蛮美術品の蒐集方法を学んだと聞いています」と話している。

◈財産税を支払うために、紅塵荘売却

池長は戦中、戦後の苦しかった思いを述懐している。

「バカげた戦争を始めた。美術館など無用の長物だ。そんな金があるなら飛行機の一台でも寄付しろという。わけの分らぬ人達が、供出のために美術倉庫の鉄扉《てつぴ》を持ち去ろうとした。空襲の恐怖は日々に深刻だ。ようやく災禍《さいか》を免れて終戦、最後は勝つ筈だったのに、敵さんが勝った。やれやれそれでも戦争はすんだと胸撫《な》で下ろす下から、掠奪されないかとの不安も湧く。やがて進駐軍が本館を接収し、将校クラブにした。倉庫から美術品をほうり出し、本館付属の住宅からも幾度か私ども家族四世帯をほうりだそうとした」

キリシタンへの禁教と殉教という歴史が呼び起こす、悲劇性に彩られた南蛮美術の美に引き込まれた、池長の蒐集の出発点は豊かな資産を抱えた一人の好事家《こうず》の「道楽」であった。ところがそれは、戦時体制へ向かう世相の中で許されなかった。

池長の行動は違和感とともに「美しいもの」を蔑《さげすみ》にしてゆく、「武断の時代」への異議申し立てになっていった。そしてエキゾチックの魅力に取りつかれた池長の命がけの蒐集は戦火をくぐり、敗戦と占領を生き延びた。

戦後の一九四七（昭和二十二）年二月、そんな池長の元へ六十四万円の財産税の支払い通知が届いた。後に三十万円の追加税額が加わり、合わせて九十四万円（現在の三千七百万円程度）あまりを支払わなければならなかった。

これは戦後の財政難のため、個人の財産に一回限りの臨時税だった。目録を作って美術作品を公開していた池長にとって財産は〝ガラス張り〟だった。

この税に苦しめられた池長は、膨大なコレクションの財産税九十四万円のうち三十二万円は戦後行われた封鎖預金（金融資産引き出しの制限）から納め、そして自宅である紅塵荘も売却した。だが、残りは現金で払うためにいくつかの作品を手放すことを余儀なくされた。

一九四九（昭和二十四）年五月にはさらに延滞金十二万円あまりを支払って、ようやく財産税は完納した。

こうして工面した金にも所得税がかかり、さらに一九五〇（昭和二十五）年から導入された富裕税、再評価税なども加わった。

これにはさすがの池長も怒りをあらわにしている。

「社会公益のためにこれ程尽くして来た私には、絶大なる感謝の意を表し、何かの報償を捧げてもよさそうなものを、日本ではすべてが逆だ」

友人だった元神戸新聞社会長の朝倉斯道は終戦を境にして一変した池長への思い伝える。

「美術館は接収されるし、財産税は容赦なかった。『何も彼も無茶苦茶でんナ。税金を納めるために財産を金に換えると、その金にまで所得税をかけよる。腹も立つし食ってもいけんので、生命をかけた南蛮美術もバラしたろうかと思ってますねん』と身をふるわして憤激した。わたしにはその心情が実によく判る。何とかしなければならぬと思った。四千数百点に上る南蛮美術の蒐集、世界無二のコレクション。国際港都などというけれど、神戸には一体何があるのか。わたしは県市当局や財界方面にも、池長美術館の存続方について口説きまわってみた。しかし理解ある手応えはほとんど得られなかった。結局相当の時日と池長君の忍び難きを忍ぶ犠牲において、神戸市の手に移されることになった。池長君の心情を察するに余りがある」

親類からは「蒐集品を売れば」と切り売りを勧められるが、何よりも蒐集品の散逸を恐れていた池長は

「芸術は偉大だ。金で換算できるのか。命にかけても私は蔵品を愛する」と頑として受け入れなかった。

しかし、四千五百点を超える池長コレクションの美術品を個人では持ち切れない時代を迎えていた。岡山県倉敷市の大原美術館との合併案や長崎市への売却という話もでたが、浮かんでは消えた。

そして、最終的には財界人や神戸商業高校の校長、友人らの勧めもあり池長は一九五一（昭和

二十六）年、「折角集めた美術品が散らばることは何としてもさけたい。私が蒐集したコレクションが国際港都に何かの役に立つならば」と池長コレクションを美術館と倉庫ごと神戸市に寄贈することを決めた。

◈後の神戸市長、宮崎経済局長との交渉

池長美術館の神戸市への移管について、池長と話し合った当時の神戸市経済局長、宮崎辰雄（第十三代神戸市長）は「私の履歴書」（日本経済新聞の連載）で、こんなやり取りがあったことを明かしている。

「経済局長のころ手掛けた仕事に、南蛮美術のコレクションとして有名だった池長美術館の市への移管がある。南蛮堂と号した池長孟氏が蒐集した南蛮紅毛美術品は、重要文化財《泰西王侯騎馬図》をはじめ四千五百点にのぼり、この分野では世界的な評価を受けていた。二十五年の秋、私の部屋にオーナーの池長氏がこられ、『インフレで維持管理が手に負えなくなった。このままでは一点、また一点と手放さざるを得ない。市で何とかしてもらえないか』との話である。確かに貴重な美術品を散逸させるのは惜しい。といって、市の財政もどん底で、一括して買い上げる余裕はない。いろいろ考えた末、結局、私が提案したのは、美術品を市に寄付していただく代わ

りに毎月の生活を保障しましょう。つまり報償金として毎月定額をお払いする。それでよければお引き受けしましょう、と申し出たわけです。池長氏は『月賦ですか、けっこうですよ』と了承してくれた。（中略）助役に書類をあげたら『みんなが食うのに困っている現下に美術品とはなにごとだ』と判を押してくれない。いまさら元に戻すわけにもいかず、私の独断でことを運んでしまった。これらの作品はいま神戸市民の財産として神戸市博物館に並んでいる」。

実際、その当時、市庁舎も女学校の校舎を間借りし、あたりはまだ戦災で焼け野原だった。復興事業が中心で担当助役が「美術では復興できない」と判子を押さないのも当然といえば当然だった。

このときの宮崎はまだ二六、七歳の若さで異例の出世だが、〝技術屋市長〟として行政手腕をふるった当時の原口忠次郎市長の〝懐刀《ふところがたな》〟と呼ばれた切れ者だった。宮崎は諦めなかった。

宮崎は池長の案内で池長美術館を訪れ、保管していた倉庫から出された《泰西王侯騎馬図》、狩野内膳筆《南蛮屏風》、《ザヴィエル像》など池長が苦労して蒐集した至宝の数々に触れたとき、「これは、神戸のために残さなくてはならん」と思った。そして苦慮の末、宮崎がとった行動は助役を飛び越し、原口市長への直談判だった。元々、工学部出身の学者だった原口市長は芸術文化方面は専門外との思いがあったのか腹心の宮崎局長から「市長、これらの美術作品は神戸に残さなければ後悔することになります」との説得に「よし、わかった！」とポンと判子を押してくれたという。

具体的には土地、建物の買収に三十万円、毎月五万円ずつ二十年間払いという条件だった。市と池長双方が立ち行く契約だったが、池長にとっては住宅を含んでいたので寄付同然の厳しい条件だった。

それでもこれで池長を苦しめ続けてきた財産税やコレクション散逸の問題は神戸市への委譲で一応の解決をみた。宮崎の政治的な判断が正しかったことは歴史が証明している。

池長は、神戸市に美術品を委ねるとき、初代美術館長の荒尾親成にこう言ったという。

「荒尾君なあ、市役所に渡すのはええんやけど、雨降りに展覧することだけはやめてくれよ。あんな二百年も三百年も前の、ここまで生き残ってきているやつを、雨降りの日に展覧したらどうなるんや。作品のためにも悪い。あいつらを大事にしてやってくれよ」(『南蛮美術総目録』あとがきより抜粋)

また、荒尾は池長が亡くなる四、五日前にも会い、その時の池長の言葉を思い出している。

「南蛮美術で未だ、あのコレクションに是非補足せなければならないものも相当にあるので一つ大いに、これからも勉強して、皆んなに判って貰う様にして欲しい。どうも日本には未だに官尊民卑の弊風が合って、国宝や重美を馬鹿に有難がったりするが、ジッと落ちついて、吾が国の美術史をほんとうに研究して見れば、あの南蛮美術品が、どんな地位にあるかも判って貰えるし、ほんとうの学問にもなると思う」。

池長はいつもの調子に、やや興奮して話したという。

池長美術館は一九五一（昭和二十六）年七月一日、市立神戸美術館に名前を変え、池長を顧問に迎えて一九四四（昭和十九）年以来、七年ぶりに再開した。さらに池長没後の一九八二（昭和五十七）年には池長コレクションを母体に神戸市立博物館がオープンすることになる。

池長の友人で当時の兵庫県知事の岸田幸雄はオープンにこう寄せている。

「神戸市が国際港都として今後益々発展するに従いこの感激は益々増大するに相違ない。池長君の美術館を神戸が持つことは将来永く神戸市の国際文化的な価値をどれだけ高めていくか測り知ることができぬと思う。そこにまた君の永遠の生命が生きると思えば君も以って冥《めい》すべきである」

◈簡素な家で悠々自適な暮らし

一九四四（昭和十九）年から住んでいた美術館付属の住宅を出た池長は、神戸市東灘区本山町森の簡素な家に引っ越した。そこで後妻の植野とし子との間にもうけた益世と後に日本カトリック司教協議会会長に就いた潤の二人の子どもたち親子四人での暮らしを送った。

神戸市への南蛮美術品と美術館の移譲で池長を苦しめ続けた財産税の問題に一応の決着をみた。このあと、池長は同人誌『金曜誌』(一九五二年十一月三十日発行)に「遺稿」として「詫《わ》びずまひの記」という自伝的な一文を寄せている。

「この度ささやかな家を探し求めて移り住みぬ。神戸市の東端に位し、芦屋に近けれどもなお神戸市民なり」と誰よりも神戸を愛していた池長の思いが伝わる。

そして池長は「今や新居を得てわが心も平らかなり。『蔵売って日当たりのよき牡丹かな』とかいへる誰やらんの句を、ふと思ひ浮かべぬ」「世も変わりぬ。たとひ家狭くとも、家内和合して無事息災なるをこそ尊ぶべけれ」「かくて戦争のお蔭にて、楽隠居の夢は淡く消え去りたれど、この家にあるものは四人なれば、ささやかなりといえども身を入るるにあまりあり、われ既に還暦となり人生も再出発なり。(略)若ものとマラソンを競ひても勝つつもりなり。戦中、馬も食わぬものを食わされ一時は胃を痛めて、顔青ざめ痩《や》せ細りしも、地獄の手前にて引き返したることの、ひとしほ喜び深く、食ふものみなうまく、足にまかせて山に入るも素晴らしくて、楽しさ限りなし」「客室書斎寝室居間を兼用せるは六畳一室なり。来客あれば忽《たちま》ち応接室となり、寝転べば即ち寝室となる、亦妙《またみょう》なり。さりとはいえ小型の床の間もありて水墨山水、濃彩花鳥の幅も時によりて掛け変うるもよく、大輪のダリヤなどの匂うも嬉《うれ》し。隣室は四畳半、神仏を祭る。家妻の裁縫室仕事場なり」

池長は〝悠々自適〟な境地に浸っていた。

親睦会「へちま倶楽部」で交流を深め合った岡田利兵衛は知人から聞いた池長の変人ぶりを紹介している。

「池長さんが美術館付属の住宅を市へ渡すことになった。しかし行き先がないので、適当な家を探すというのが条件の一つであった。係りはいろいろと立派な家を次から次へ見つけ出して池長さんに見せた。けれでも池長さんは家を見て『俺はこんな家は好かん。どだい、こんなものをよいと思って見せる奴の気が知れんわい』といつもいうて怒った。或る日も一軒の家を案内した。それは今までのより一層手ぜまな、粗末なものだった。叱られることを一つふやすだけのことと思ったが、マアとにかく知らせることとした。その家の前へ、国道から岐《わ》かれる地点に一つの古い石の道しるべが取り残されたように立っていた。これを見て池長さんは『フン、こいつァ面白いなァ』といいながら家へ入った。ロクスッパ見もしないで『これだ。これが

晩年の池長

ええ』というなりすぐ本決まりになった。これが今のお宅なんですね。それから係りは会う人ごとに『池長さんというのはこんな人です。世間では変わってる、変わってるというし、私もそう思ったけれど、つまり私たちとテンデ考え方が違うんだ。これですっかり判りました』といってひどく感銘してしまったということです」

池長の神戸一中（現・兵庫県立神戸高校）時代の先輩だった池田多助は異色の人材としての思いを語っている。

「一中には、随分色々な人材が出たが、君はその中でも本当に珍しい人である。鶴崎校長（当時）がよく木を植えて、その世話をしながら、育って行く卒業生を思いつつ、その生長を楽しんでおられたが、君はたしかに大木の相を備えていた。そして、君特有の仕事をしてくれたと思う。頭の良い、賢い、所謂《いわゆる》秀才も多い中で、君はひとり超然として無欲恬淡《てんたん》、悠々《ゆうゆう》として南山の雲の如く、行きたい処へ行き、したい事をして、呑気《のんき》に幸福に暮らしつつ他人のやれぬ事をして、サッサと行ってしまった珍しい人である。新開地神戸が八十年、九十年の歴史を経て、だんだん錆《さび》がつき黒ずんで来た時分、先ず無くてならぬものを残して、港神戸に床《ゆか》しさを添えてくれました」

◈宿願の『南蛮美術総目録』が完成

池長は戦争で疎開している最中も池長コレクションの全貌を明らかにするために毎晩徹夜で整理し、『南蛮美術総目録』の作成にとりかかっていた。所蔵品を倉庫のどの棚に整理するのか、という収蔵法を考える上からも美術品の分類と体系化は必要だった。

そして、一九五五（昭和三十）年五月、三百五十七ページからなる念願の「総目録」が完成した。

その序文で完成までの思いの丈《たけ》を述べている。

「識者に見てもらえばこの目録作成にどれ程の苦心が払われているかよく理解されると思ふ。もとより私はいたらぬ者であるが、いたらぬながらに最も良心的に仕事をした。先ず真贋《しんがん》の判定などにも苦慮したが、一番厄介《やっかい》なのは区分配列である。この画家はどこへ持ってゆけばよいか、この品はどこにはめこんだらいいか。それには倉庫内の棚への収蔵方法も考えなければならぬ。できあがりを見れば簡単なやうでも、そのここにいたる道筋は大変だ。これはとりもなほさず南蛮美術史の新しい一つの学科の大系をあみだしたものである。原稿用紙は四百字詰めで一千枚を越した。熊内の宅で新しく珍奇品を手に入れて、欣喜雀躍《きんきじゃくやく》ペンをとりあげて点数を補足したこと、押部谷の疎開先で、空襲下に静かに筆をとって、古人が紺紙《こんし》に金泥《こんでい》で写経したような敬虔《けいけん》な気持ちで、机にむかっていたこと。いろいろその状況によって、書き加え入れ足し長年月を閲してこの目録は出来あがったのである」。

実際、目録作成中の池長はいつも資料の入った大きな風呂敷を持ち歩いていた。さらに、池長は誇らしげに語っている。

「蒐集はひとつの創作であります。つまりテーマがあり、学問的に役立ち、世間に貢献すべきものでなければなりません。また、分類をきちんとし整然たる体制を整えていなければなりません。せっかく蒐集したところで学問的に自ら研究する能力もなく、これを発表することもできないようでは、コレクションの価値はないのであります」

この目録の完成は池長の美術遍歴の集大成であった。同時に南蛮・紅毛美術史という新しい学問の体系を作り上げることにもなった。

現在、池長が寄贈した膨大な南蛮画などの美術品は神戸市中央区海岸通りの旧居留地エリアに一九八二（昭和五十七）年に開館した市立博物館の池長コレクションコーナー（期間限定）で展示されている。

『南蛮美術総目録』

博物館には国宝を含む考古学資料や古地図、歴史教科書にも掲載されている《聖フランシスコ・ザヴィエル像》（重要文化財）や《織田信長像》（同）《豊臣秀吉像》（同）《泰西王侯騎馬図》（同）《南蛮屏風》（同）といった著名な美術品、小磯良平ら神戸ゆかりの芸術家の作品約四万点を所蔵している。

池長は「私には一つの社会観、人生観がある。……人間というものは、自分の持っているものを出来るだけ適切に社会のために役立てなければならない」と述べ、神戸に美術館を創設し、社会に富を還元した。

そして、池長はこう断言した。

「人間の教養や人格、精神は、お金もうけのような経済的成功によって得られるものではない。どんなにえらい人、お金持ち、学者であっても、名画を見ても感動できないような人は、精神が薄っぺらな証拠で、そんな人は尊敬できない」。

池長は美を感じるためには本物との出会い、トレーニングが必要になると考えていた。

◆池長さんこそはホントの幸せ者

『南蛮美術総目録』が完成したころ、池長の胃がんは急激に悪化していた。一九五五（昭和三十）

年八月二十五日午前三時、東灘区本山町森字天神町八の自宅で息を引き取った。後妻、とし子と大勢の身内に看取られながら臨終の言葉は居並ぶ子供らに「お母さんをだいじにしてやってな」と、とし子への思いやりの言葉を残している。享年六十五歳（数え）でまるで自らの死期を悟ったような死だった。

この日のことを長男、澄はこう述べている。

「その生涯の最期の日、枕辺に我々身辺のものがすわっていた時、父の口をついて出た言葉は何よりも先ず美術品の将来を案じていた。『今何時？』と聞くから、『十二時半』と答えると、『さあもう明日が始まった』という。この場合、父を評して、『化して南蛮の鬼となる』ということが妙に実感を伴って迫ってきた」（『池長孟』追憶誌）

次男の廣は父の心情を推察している。

「戦後、経済的な理由のみで、あの蒐集品を手離さなければならなかった時の、しかも、分散させることを嫌い、遥《はる》かに有利な売却を断固拒否して、ゆかりの神戸の地に残すべく、神戸市に委譲した時の父の気持ちは、あの当時周囲の人に理解がとぼしかっただけに、又相手が凡人であっただけに、矢張《やは》り凡人の子である私にはよくわかるような気がする。そして、その情熱こそ、私たち遺《のこ》された家族が、胸を張って世に誇り得る唯一のものである。私は決して父に忠実な孝行息子ではなかった。父もまた私にとって、心から愛し親しめるよい父では決してなかった。しかし、今となっては、その情熱の故だけに、外面はどうあろうと弱い一個の人間であった父の情熱を愛したと思う」

阪急電鉄の創業者、小林一三《いちぞう》は池長から重要美術品の指定を受けている《芦引絵》（五巻）や歌舞伎の資料、文人や画家が年代順に貼りこんだ《許多脚色帖》を譲り受けるなど親交が深かった。

小林は池長の逝去に際して「生涯をかけて苦楽を共にしたコレクションが、世間の絶賛を博し、池長の名を冠して大切に保存され……池長さんこそはホントの幸せ者というべきだろうと、私は信じている」と追悼の言葉を寄せている。

池長は南蛮美術に対する一般の理解がないことで晩年までさかんに毒舌を吐いた。

神戸史談会の会員で友人だった川辺賢武は亡くなる前日の池長との会話が鮮明に記憶に残っている。

「池長さんは財力もあり、趣味にも徹底できたし、酒も人の千倍位のみ、女にも不自由せず、思い残すことはなかったろうと思うけど、ただ、一つ、『南蛮美術といえば、南洋の芸術か何かと誤解されたりするので、何か適宜《てきぎ》な呼び名はないか』と、晩年は常に懐疑的になっておられた。心残りといえば、それ位だと思う」

池長が亡くなった同じ一九五五（昭和三十）年一月、東京・三越百貨店で「南蛮美術展」が開催され、好評を呼んだ。美術展はその後も名古屋、福岡、長崎、そして大阪でも巡回開催され評判になった。

南蛮美術品の移管の最終決断を行った市長の原口は、巡回展と同じ年の八月に亡くなった池長を「慈父のごとく仰がれながらも自分はいささかも尊大ぶることなく、常に一介の野人を以て任じられておられました」と人柄を偲び、

「南蛮美術展が非常に好評を博し、国民多数に之を紹介できたのみならず、皇太子殿下の台臨を仰ぐなど池長氏も自ら展覧会を視察されて大変満足せられたのでありました。これが多年に亘《わた》る労苦に対し報いられることの少なかった氏に対するせめてもの餞《はなむけ》になろうとは夢にも思いませんでした」と悼《いた》んだ。

元神戸新聞社会長で友人だった朝倉斯道は池長について「特異の存在」だったと偲《しの》んでいる。「池長君の真骨頂は、世相に対する大胆率直なあの態度だったと思うからである。それは単に口先や文字の上での社会批判だけでなしに、もっと積極的に、社会文化への興隆への具体的な事業—植物研究所にしても、学校経営にしても、美術の蒐集にしても—に一切の情熱を傾け尽くしたあの勇気が、現在のような道義頽廃《たいはい》の社会には、何としても必要だということを痛感するからである。何らかの集りがあるといえば、病中といえども杖をひいて顔を出し、世相に向かって警鐘を乱打したあの心境は、身分や境遇の如何《いかん》を超越して、社会文化形成への情熱に外ならなかった。池長君を『特異の存在』と思う人が多いが、わたしは、こうしたいい意味の『特異の存在』とし

て知己に持ったことを嬉《うれ》しく思っていた。池長君を偲ぶ時、南蛮美術もさることながら、わたしはむしろ、その率直大胆なる社会文化形成への勇気ある『特異の存在』を失ったことを悲しむものである」

◈阪神大震災と博物館

池長コレクションの危機といえば、神戸を襲った阪神大震災にも言及しておこう。

一九九五（平成七）年一月十七日、午前五時四十六分、震度7の阪神淡路大震災が神戸を襲った。神戸市立博物館（中央区京町二四番地）は激震地区に立地していた。その時、博物館では何が起きたのか。

神戸市立博物館は、JR三ノ宮駅と元町駅の中間地点より約五〇〇メートル南、旧外国人居留地内のメイン・ストリート京町筋に面している。

旧居留地一帯は、旧生田川（居留地東端、現フラワー・ロード）と旧鯉川（居留地西端、現メリケン・ロード）の間に位置する低湿地を、一八六八（明治元）年一月一日の神戸開港にともない造成した。博物館の建築は、一九三五（昭和十）年に竣工した旧横浜正金銀行神戸支店を改造したもの（旧館）と一九八二（昭和五十七）年に竣工の新館を隣接させ、通路部分を結合させて完成した。

その収蔵品は池長が寄贈した《南蛮屏風》《聖フランシスコ・ザヴィエル像》をはじめとする南蛮紅毛美術品をはじめ、国宝《桜ヶ丘銅鐸》を含む考古資料、我が国随一の規模と質を誇る古地図資料、中世以来の兵庫・神戸の歴史を物語る歴史資料、あわせて三万八千点を収蔵している。

震災前日まで、常設展示、ならびに企画展「南蛮美術名品展」「江戸時代の名所巡覧展」、ギャラリー「安東聖空展」が行われていた。これらは撤収待ちで震災当日そのまま展示されていた。震災当日は休館日にあたり、本来は大半の職員が出勤しない日にあたっていた。そして、次回に行われる予定の特別展「秦の始皇帝とその時代」の展示資料輸送準備が名古屋で開始されていた。

居留地の特徴的な地震被害は、地盤沈下と地下水の浸水で、浸水による被害は博物館でも見られたが、幸い収蔵品は全て無事だった。

博物館の建物は、外見上はさほどダメージを受けているようには見えなかったが、新館と旧館の連結部・地下室などを中心に大きな被害を受けていた。その後、一年にわたって修復工事を行い、翌年一月十日に館の工事完成検査も

神戸市立博物館で開催された南蛮美術企画展「池長孟が愛した南蛮美術

終了し、一月十七日に再開館した。

その後は、「阪神大震災時に神戸市立博物館では何が起きたのか」とその経験と記録を、多くの博物館関係者への教訓と警鐘にしようと、一九九五（平成七）年と翌年にかけて学芸員らは全国で報告・シンポジウムを開いた。

池長は一〇〇〇年後の未来の神戸を描いた著書『空中楼閣』で神戸に大地震が起こる予言的なストリーを著しているが、自身の南蛮美術品を神戸市に委託した際には当時の館長に「雨降りに展覧することだけはやめてくれよ。（略）作品のためにも悪い。あいつらを大事にしてやってくれよ」と言い残している。池長にとって阪神大震災の発生はさぞかし草葉の陰で驚いたに違いない。

◈池長の子息、日本カトリック司教協議会会長を歴任

池長自身はクリスチャンでなかったが、三男、潤さんは一九五二（昭和二十七）年、六甲学院聖堂で受洗し、レオという洗礼名を受けている。そしてフランシスコ・ザヴィエルが創設メンバーのイエズス会に一九五七（昭和三十二）年に入会。上智大学神学部を卒業後、司祭となり一九九七（平成九）年からはイエズス会の大阪教区の大司教、さらに日本カトリック司教協議会会長を歴任しておりザヴィエルと池長家との古き縁《えにし》を感じざるを得ない。

潤さんは『南蛮美術コレクター　池長孟』（二〇一二年四月）としての父への思いを寄せているので引用させていただく。

「父、池長孟は希代の南蛮美術コレクターとして名を残している。十六世紀後半から十七世紀にかけ宣教師らによってもたらされた西洋文化に、日本の文化が触れて生まれた南蛮美術。その魅力にとりつかれた父は相続した資産をつぎ込んで絵画や彫刻、工芸品など四千点を超える作品を収集した。

疎開前、父は自宅二階の和室の書斎に収集品を飾り、眺めては悦に入っていた。床の間には常に気に入った作品が置かれ、気の向いたときに入れ替える。現在重要文化財に指定されている《聖フランシスコ・ザヴィエル像》や壮大な絵柄の《秦西王侯騎馬図屏風》を私は書斎で目にした。南蛮人の服装や持ち物などが細かく描かれた屏風は子どもにも興味深かった。

重要な作品、価値のある作品を系統立てて収集するのが父の方針だったようだ。集められるものは全部集める。散逸《さんいつ》してしまったら二度と一緒にはできない。そんなことを話していた。『身上《しんしょう》つぶして南蛮狂い』と自嘲するほど資産をつぎ込んだ。あるとき、山の上から手放した珍家の並ぶ街を指さし、『ここからあそこまでが南蛮屏風、ここからそこまでがあの作品』などと話したこともあった。戦後は財産にかかる税に苦しみ、収集品を散逸させ』ないため一九五一（昭和二十六）年、美術館と美術品を神戸市に委譲した。現在の市立博物館がこのコレクションを受け継いでいる。

南蛮美術は日本に布教に訪れたイエズス会の宣教師との接触が生んだ新しい形の美である。そのイエズス会が開設した六甲中学・高校、上智大学で学び、司教になったことには不思議なめぐり合わせを感じる。父は南蛮美術には入れ込んだがキリスト教への関心は高くなかった。六甲中学時代、『坊主（神父）にだけはなるな』と言っていたほどだ。私は高校時代、進路を思い定め、父に打ち明けた。『教皇になるなら許す』と言われたことを覚えている」

◈ザヴィエル像をめぐる不思議な出会い

さらに潤さんはザヴィエル像をめぐる不思議な出会いにも言及している。

「父の蒐集と私の職には何の関係もないが、ザヴィエル像をめぐっては不思議な出会いがあった。父が所有者から何度も門前払いをくらい、それでも諦めずに通ってようやく手に入れた」と話していた、その所有者の子孫との交流である。

ザヴィエル像は大阪府茨木市千提寺の東家がキリシタン弾圧の時代から明治以降も「開けずの櫃」に入れて受け継いできた聖画だった。大正期、キリシタンの墓碑が確認されたことがきっかけでこの地が隠れキリシタンの里であることが知られ、様々な遺物が旧家の屋根裏などから見つかった。ザヴィエル像が発見されたのは一九二〇（大正九）年である。

それから九十年後の二〇一〇（平成二十二）年十一月、私は千堤寺にあるカトリック黙想の家でミサと講演をする機会を得た。住民の方に「池長孟と南蛮美術」と題してザヴィエル像の発見や父が美術品を収集した経緯などを話した。

東家に嫁いだ東満理亜さんによると、毎日のように通い詰める父に「ふっかければ諦めるだろう」と踏んで三万円を提示したところ、予想が外れたらしい。父は神戸の垂水区にあった別荘を売って資金を作った。東家はその三万円にはずっと手をつけず、今日まで持ち続けているという。手放した側の悲しみ、コレクターの業を感じさせるエピソードだった。（略）」（池長潤　日本カトリック司教協議会会長　日本経済新聞二〇一二年四月十七日）

潤さん自身、「幼い頃から父の蒐集した美術品に触れていたこともキリスト教に関心を持った要因です」と話しており、後に日本のカトリック教会のトップになった潤さんとザヴィエル像を巡る宿縁を感じざるを得ない。

潤さんのミサと講演会に出席した満理亜さんはその様子を鮮明に覚えている。

「池長（潤）さんは父がザヴィエル像を購入したことに謝っておられましたが、現在では歴史教科書にも掲載され多くの方にザヴィエル像の存在を知っていただいたことはいいことだと思います。ザヴィエル像の美術的な保全の面でも神戸市立博物館で収蔵していただいていますので安心です」と回想している。

◈池長の思いは受け継がれ

池長は愛すべき神戸への思いをこう述べている。

「私は神戸市に生まれたのだ。そして、現在も猶《なお》、神戸市に住んでいる。神戸市は私の故郷なのだ。私は神戸市から離れることは出来ないのだ。たとえ今後、私の形骸は神戸の土地から離れるとも、私の魂魄《こんぱく》は、永遠に、この神戸市から離れることは出来ないであろう」

そしてこうも述べている。

「日本は世界でも優れた芸術国です。我々の祖先は数多くの芸術的偉業を遺されています。芸術とは……実に国民の魂を最も高いところへ引き上げる大使命を帯びたものでなければなりますまい」

また自著で「おはら庄助さんは、朝寝朝酒朝風呂が大好きで、身上潰《つぶ》したらしいが、わたしは南蛮紅毛絵に惚《ほ》れ込んで、エキゾッチクに浮き身をついやし、それで身代《しんだい》限りをした」と自嘲気味に認めた。

しかし、この大金持ちの若旦那《だんな》は夢多く、無邪気な文学青年であった時期から「蒐集とは一つの創作であります」と宣言して蒐集によって人間としての深みを養い、やがて陰影の深い輪郭をつくりあげていった。そして、自らが愛して止まない神戸の地に〝文化の宝〟を残した。

池長のＤＮＡは池長美術館から、市立神戸美術館、そして一九八二（昭和五十七）年に開館した神戸市立博物館に引き継がれている。同館には池長が校長を務めた育英商業（現・育英高校）の同窓会から依頼され、小磯が描いた池長の自画像が満足そうな表情を浮かべ来館者を出迎えている。

（了）

あとがき

池長が言う〝物好きな人〟に

私が池長孟と出会ったのはいつだったろうか。私は新聞社でかつて旅の取材を担当していた。その時期、度々高知県を行く機会があった。高知といえば坂本龍馬を誰しも思い浮かべるが、何度目かの高知県への訪問で世界的な植物学者、牧野富太郎の植物記念館に行く機会を得た。何げなく記念館に展示されている牧野の年譜を眺めていると、そこに育英商業（現・育英高校）の校長、池長孟から経済的援助を受けていたと記されていた。

育英商業は私の母校でそれまで池長の存在も知らなかったが、いつしか池長の存在が気になってきた。その後、何とはなく、池長を調べると、愛すべき神戸の地に国宝、重文級の多くの作品を残した魅力的な美術蒐集家だったことを知った。

私が小学校時代に池長の南蛮美術館が建っていたのを微かに記憶に残っていた。さらに私の兄が20歳過ぎに入院した外科病院が池長の邸宅、紅塵荘を改装した病院だった。当時は病院にしては病室内に多くの石柱が建ち、違和感を覚えていたが、紅塵荘だったと知り合点がいった。そして、池長が文学仲間と談義を交わしたツタにからまるバー「アカデミー」の近くにもよく通っていた。

そして決定的だったのが、聖フランシスコ・ザヴィエル像の存在だった。教科書で誰もが知るこの聖像は池長の存在がなかったら陽の目をみることがなかった。

いつか「池長の評伝を書きたい」と思うようになった。そして池長自身もユーモアを込めて「後世、南蛮美術の大蒐集をした池長孟とはどんな人物か調べてみたいというような、物好きな人が無いとも限らない。そんな場合、間違った想像をして、出鱈目《でたらめ》を書きたてられては、地下で苦笑せざるを得ない。苦笑だけですめばよいが、娑婆《しゃば》にあらわれて正誤を迫るわけにもゆかず、癇癪《かんしゃく》の持ってゆきどころがなくては悲惨である。乃《すなわ》ちペンをとって自画像をかきつける所以《ゆえん》である。」(「おもしろい日記─序文にかえて─」)

と書き残していた。

池長は自分の評伝が書かれることを予想していた。私はまんまと池長が言う〝物好きな人〟になっていた。池長の資料、文献を読み、取材を進めていくうちに時代に流されない自らの確固たる信念を持った池長に魅了されていったのである。

池長は三十三歳の若さで育英義塾の校長に就任し、生徒手帳に「万華鏡」と題した教訓を新たに書き加えている。

その教訓には文化や芸術を親しむことを説き、「盲従するな。付和雷同するな。正義のためには千万人をも敵として戦え」と個人としての自立を鼓舞する姿勢を求めた。

池長の教育への思いは《人間創造の母体》たる役目だった。しかし、今風に言えば、その当時の時代の空気を読めば、池長の教訓はかなりの勇気がなければ言えない言葉だった。

そして池長は「蒐集は、一つの創作であります」という信念を掲げ、『身上《しんしょう》つぶして南蛮狂い』と自嘲するほど資産をつぎ込んだ。その結晶の数々の作品が神戸市立博物館に受け継がれている。作家、画家の名声は後世まで語りつかれるがコレクターの名はいつしか忘れられていく。正直に言えば、地下で眠っている池長に「大山君、もっとうまく書かんかいな」と怒られないか内心ひやひやしているが、なんとか拙著を通して美術愛好家にとどまらず池長の存在をもっと多くの人々に知ってもらいたい。そして願わくば神戸から〝無私の蒐集家魂〟を持った伝説のコレクター、池長孟の存在をもっと発信してもらいたい。

今回、取材にご協力をしていただいた人たち、そして私に「伝説のコレクター池長孟の蒐集家魂」の出版の機会を与えていただいたアテネ出版社代表の吉村親義氏、装丁をしていただいた田中深雪氏に感謝申し上げたい。

２０１７年10月３日

著者

《参考図書》

池長孟「本誌第二巻ノ巻頭ニ懐ヲ述ブ」（『植物研究雑誌』二‐一　大正七年九月）
池水瑠璃之助（池長孟）『紅塵秘抄』（東京堂　大正十年九月）
池長孟「就任の御挨拶」（『育英』二八号　大正十三年十一月）
池長孟「羅紗の塵」（『育英』二八号　昭和二年十一月）
池長孟「形影門答」（『育英』三二号　昭和三年十一月）
池長孟『戯曲集　荒っ削りの魂』（弘文社　昭和四年十一月）
池長孟『戯曲　開国秘譚』（弘文社　昭和五年九月）
池長孟『邦彩蛮華大宝鑑』（創元社　昭和八年一月）
池長孟『戯曲集　狂ひ咲き』（福音社　昭和八年十二月）
池長孟「燈火紙魚記」（『育英』三七号）昭和八年十二月
池長孟「南蛮図会」（『育英』四一号　昭和十一年十二月）
池長孟「浮世絵美術館─建設の機運─」（『美術日本』二‐一・二合併号　美術日本社　昭和十二年二月）
池長孟『南蛮堂要録』（池長美術館　昭和十五年四月）
池長孟（無記名）「南蛮堂を訪ふ」（『神戸市広報』六八六　神戸市　昭和十五年七月）
池長孟「郷土作家に望む」（『聯盟美術』八　兵庫県美術家聯盟　昭和十五年十一月）
池長孟「思ふ画ま丶」（画室社　昭和十六年五月）

池長孟「文化運動への所感（文化翼賛）」（『聯盟美術』十　兵庫県美術家聯盟　昭和十六年十一月）
池長孟「須賀川系洋画」（『日本美術工芸』四五　日本美術工芸社　昭和二十二年一月）
池長孟「図書礼賛・天主堂名画失踪事件をめぐりて」（『書物展望』三－八　書物展望社　昭和二十三年八月）
池長孟「ああ文化」（『日本美術工芸』一四五　日本美術工芸社　昭和二十五年十一月）
池長孟「消去る思ひ出（一）」（『神戸史談』二〇七号　昭和二十九年五月）
池長孟「なんばん狂ひ」（『PAVONI』四　パボーニ倶楽部　昭和二十九年六月）
池長孟「変痴気林な話」（『PAVONI』七　パボーニ倶楽部　昭和二十九年九月）
池長孟「忘れられた宝」（『神戸史談』二〇八号　昭和二十九年十二月）
池長孟「市立神戸美術館収蔵　南蛮美術総目録」（市立神戸美術館　昭和三十年五月）
池長孟「忘れられた宝（続）」（『神戸史談』二〇九号　昭和三十年十月）
池長孟「自筆備忘録」（未刊）
『牧野富太郎と神戸』（白岩卓巳著／のじぎく文庫　神戸新聞総合出版センター　二〇〇八年十一月）
「南蛮堂コレクションと池長孟」神戸市立博物館編（神戸市立博物館　二〇〇三年七月）
「池長コレクション研究のために―池長孟と牧野富太郎」（『近世異国趣味美術の史的研究』勝盛典子著　臨川書店　二〇一一年三月）
『長崎南蛮余情―永見徳太郎の生涯』（一九八八年九月刊）
高槻市しろあと歴史館『高槻市しろあと歴史館十周年記念特別展［高山右近の生涯］』（二〇一三年）

茨木市教育委員会『千提寺・下音羽のキリシタン遺跡』（二〇一三年）
日本カトリック司教協議会列聖列福特別委員会『現代に響く右近の霊性』（二〇一二年）
海老沢有道『高山右近』（吉川弘文館）
中西祐樹『高山右近キリシタン大名への新視点』（高帯出版）
加賀乙彦『高山右近』（講談社）
ルイス・フロイス『イエズス会日本通信』『ルイス・フロイスの日本史』
井藤暁子『茨木キリシタン遺物発見九〇周年記念論文』
杉森哲也「南蛮美術と神戸収集家池長孟とその社会活動」（放送大学）
杉森哲也『日本史リブレット描かれた近世都市』（山川出版社　二〇〇三年十二月）
塚本晃「初期洋風画と「絵画と印刷のセミナリオ」泰西王侯騎馬図屏風などの製作年代・環境をめぐる試論」（『神戸市立博物館研究紀要』第二九号　二〇一三年）
『泰西王侯騎馬図屏風光学調査報告書』（独立行政法人国立文化財機構東京文化財研究所　二〇一五年三月三十一日）
神庭信幸他「京都大学所蔵『マリア十五玄義図』の調査」（『国立歴史民俗博物館研究報告』第七十六集　一九九八年）
神庭信幸他「東家所蔵『マリア十五玄義図』の調査―付、京都大学所蔵『マリア十五玄義図』旧蔵家屋の調査―」（『国立歴史民俗博物館研究報告』第九十三集　二〇〇二年）
坂本満「マリア十五玄義図の図像について」（『国立歴史民俗博物館研究報告』第七六集　一九九八年）

新村出「摂津高槻在東氏所蔵の切支丹遺物」(『京都帝国大学文学部考古学研究報告』第七冊　一九二三年)
武田恵理「『紙本著色　聖母子十五玄義図・聖体秘跡図』の再現模写と描画技法の研究」(東京芸術大学大学院美術研究科後期博士課程　平成十三年度博士論文)
濱田青陵「原田本マリヤ十五玄義図」(『宝雲』第十三冊　一九三五年)
比留木忠治「椿のマリア像」(『椿』四十四　二〇〇五年)
『神戸市立博物館研究紀要』(第二十九号　二〇一三年)
サントリー美術館・神戸市立博物館「南蛮美術の光と影　泰西王侯騎馬図屏風の謎」展図録(二〇一一年–一二年)
神戸市立博物館特別展「コレクションの精華」図録(二〇〇八年)
神庭信幸「国立歴史民俗博物館特定研究南蛮関係資料研究班による神戸市立博物館所蔵『聖フランシスコ・ザビエル像』の調査に関する概要」(『神戸市立博物館研究紀要十六』二〇〇〇年)
神戸市立博物館編『南蛮美術セレクション』(一九九八年)
「南蛮堂コレクションと池長孟」(神戸市立博物館編　二〇〇三年七月)
「池長コレクション研究のために—池長孟と牧野富太郎」(『近世異国趣味美術の史的研究』勝盛典子著　臨川書店　二〇一一年三月)
『牧野富太郎植物画集』牧野富太郎［画］(高知県立牧野植物園編著　ミュゼ　一九九九年十一月)

○伝記に関する文献

大西直三『兵庫尋常高等小学校沿革史』（神戸市兵庫尋常高等小学校　大正八年二月）

逸翁（小林一三）「ひとりよがりの事」（『美術・工芸』一－八　美術工芸編集部　昭和十七年十一月）

『池長孟君追悼志』（池長孟君を偲ぶ会　昭和三十年十月）

三隅貞吉「池長さんとの三十年」（『日本美術工芸社　二〇六　故池長孟氏記念　南蛮美術特輯』日本美術工芸社　昭和三十年十一月）

石阪孝二郎「池長孟と私」（『神戸史談』二二四号　昭和四十三年一月）

高見澤たか子『金箔の港―コレクター池長孟の生涯』（筑摩書房　平成元年五月）

白岩卓巳『神戸植物学事はじめ―池長孟と牧野富太郎―』（田中印刷出版株式会社　平成六年二月）

細江光『谷崎潤一郎と池長孟』（芦屋市立谷崎潤一郎記念館　平成七年十二月）

渋谷章『牧野富太郎　私は草木の精である』（平凡社　平成十三年三月）

小松みち「牧野蔵書と牧野文庫」（『牧野富太郎蔵書の世界―牧野文庫貴重書解題』高知県立牧野植物園　平成十四年七月）

勝盛典子「牧野富太郎と池長孟」（『研究紀要』十九号　神戸市立博物館　平成十五年三月）

〈著者略歴〉
大山勝男（おおやま・かつお）
1953年12月、神戸市生まれ。
週刊大阪日日新聞（大阪日日新聞）記者。ノンフィクションライター。
〈著書〉
『あるシマンチュウの肖像』（みずのわ出版　ＮＨＫラジオ「心の時代」放映）
『愛しのきょら島よ―悲劇の北緯二九度線―』（沖洲通信社）
週刊金曜日誌上「泉芳朗の闘い～奄美復帰運動の父～」（第12回週刊金曜日ルポルタージュ大賞佳作）、「教科書密輸事件～アメリカ占領下の奄美教育秘史～」（第13回・同）を発表。
『反骨の棋譜　坂田三吉伝』（現代書館）
『「大大阪」時代を築いた男　評伝・関一（第７代目大阪市長）』（公人の友社　毎日放送「ラジオドラマ化」）

伝説のコレクター　池長孟の蒐集家魂

発行日――2017年10月31日　初版発行

著　者――大山勝男
発行所――アテネ出版社
〒101-0061
東京都千代田区三崎町2-11-13-301
電話03-3239-7466　FAX03-3239-7468
http://www.atene-co.com
Email：info@atene-co.com

ISBN978-4-908342-06-6 C0023